PESQUISA EDUCACIONAL:
quantidade-qualidade

EDITORA AFILIADA

Questões da Nossa Época
Volume 46

Dados Internacionais de Catalogação na Publicação (CIP)
(Câmara Brasileira do Livro, SP, Brasil)

Santos Filho, José Camilo dos
   Pesquisa educacional : quantidade-qualidade / José Camilo dos Santos Filho; Silvio Sánchez Gamboa (org.). – 8. ed. – São Paulo, Cortez, 2013. (Coleção Questões da Nossa Época ; v. 46.)

   Bibliografia.
   ISBN 978-85-249-2022-6

   1. Pesquisa educacional I. Gamboa, Silvio Sánchez II. Título. III. Série.

13-02773   CDD-370.78

Índices para catálogo sistemático:
1. Pesquisa educacional   370.78

José Camilo dos Santos Filho
Silvio Sánchez Gamboa (Org.)

PESQUISA EDUCACIONAL:
quantidade-qualidade

8ª edição

PESQUISA EDUCACIONAL: quantidade-qualidade
Silvio Sánchez Gamboa (Org.)

Capa: aeroestúdio
Revisão: Maria de Lourdes de Almeida
Composição: Linea Editora Ltda.
Coordenação editorial: Danilo A. Q. Morales

Nenhuma parte desta obra pode ser reproduzida ou duplicada sem autorização expressa dos autores e do editor.

© 1995 by Autores

Direitos para esta edição
CORTEZ EDITORA
Rua Monte Alegre, 1074 – Perdizes
05014-001 – São Paulo – SP
Tel.: (11) 3864-0111   Fax: (11) 3864-4290
E-mail: cortez@cortezeditora.com.br
www.cortezeditora.com.br

Impresso no Brasil — setembro de 2013

Sumário

Apresentação 7

1. Pesquisa quantitativa *versus* pesquisa qualitativa: o desafio paradigmático
   José Camilo dos Santos Filho 13

2. Tendências epistemológicas: dos tecnicismos e outros "ismos" aos paradigmas científicos
   Silvio Sánchez Gamboa 59

3. Quantidade-qualidade: para além de um dualismo técnico e de uma dicotomia epistemológica
   Silvio Sánchez Gamboa 83

Posfácio 109

Apresentação

Em 1990, por ocasião da VI Conferência Brasileira de Educação (CBE), organizamos um painel para discutir a controvérsia quantidade-qualidade na pesquisa educacional. O interesse pela temática escolhida, por parte dos pesquisadores, a solicitação constante para que os textos apresentados fossem reproduzidos, e as novas oportunidades que nós, autores, tivemos para ampliar essa discussão, hoje mais intensa, foram alguns dos motivos para que os textos fossem organizados em forma de livro. De fato, a controvérsia que o tema suscita no campo da pesquisa não apenas educacional, mas nos diversos campos das Ciências Sociais, coloca a questão da quantidade-qualidade como uma das mais importantes da nossa época.

Depois de mais de uma década de debates em nível internacional, a literatura brasileira ainda se ressente de oferecer poucas publicações sobre essa importante questão. Nesse sentido, os autores deste livro têm a oportunidade de oferecer um tema, a esta altura, mais sedimentado, entretanto ainda não esgotado, constituindo um debate longe de ser resolvido.

Para quem se inicia na pesquisa, assim como para os mais experientes, as opções técnicas e metodológicas são motivo de indecisões, ainda mais quando as controvérsias entre as técnicas quantitativas e qualitativas seguem preocupando não somente os especialistas, mas especialmente aqueles que se defrontam com a formação dos pesquisadores. Nós, autores, esperamos oferecer algumas luzes, contribuindo para a recuperação histórica da controvérsia, a explicitação das principais diferenças entre os chamados "paradigmas quantitativos" e "paradigmas qualitativos", assim como apontando alguns motivos pelos quais o emprego de tais paradigmas se transformou em um falso conflito. Apresentamos também alguns esforços no sentido de superar essa dicotomia, alertando para os riscos das saídas ecléticas, entendidas por nós como falsas soluções para o falso dualismo quantidade-qualidade.

Mantendo o clima de confronto, nós, autores, embora sejamos acordes em algumas apreciações, apresentamos diferentes pontos de vista, baseados em referenciais distintos, e perfilamos propostas que, tendo o desafio comum de superar o falso conflito, acenam para saídas diferentes, seja exigindo opções diferenciadas de acordo com o modelo escolhido (tolerando o "pluralismo epistemológico"), seja articulando as duas abordagens (considerando-as como mutuamente complementares), ou recuperando outras abordagens que apresentem uma síntese, na medida em que, num mesmo processo, assimilam a contribuição das técnicas quantitativas e qualitativas.

O jogo de perdas e ganhos, que tanto umas como outras opções acarretam, assim como as possíveis influências dos modismos e os encantos e desencantos das diversas abordagens, vêm alimentando a controvérsia, que fica presa, quando não a "reducionismos técnicos", a preconceitos ideológicos. Essas situações limitam a compreensão da problemática da pesquisa a aspectos desvinculados de outras dimensões, que, no entender destes autores, compõem um todo articulado, denominado paradigma, modelo, lógica da pesquisa, ou abordagem teórico-metodológica. Nesse sentido, as opções da pesquisa não se limitam à escolha de técnicas ou métodos qualitativos ou quantitativos, desconhecendo suas implicações teóricas e epistemológicas. As opções são mais complexas e dizem respeito às formas de abordar o objeto, aos objetivos com relação a este, às maneiras de conceber o sujeito, ou os sujeitos, aos interesses que comandam o processo cognitivo, às visões de mundo implícitas nesses interesses, às estratégias da pesquisa, ao tipo de resultados esperados etc. Em outras palavras, fazem referências à complexidade das alternativas epistemológicas. É por isso que apontamos como ponto de partida das reflexões a denúncia do falso conflito quantidade-qualidade, na medida em que o nível técnico-instrumental se hipertrofia de tal maneira que se torna a principal opção na pesquisa educacional. Preocupados em recuperar outras dimensões da pesquisa, apresentamos formas diversas de articulação com outros elementos, compreendidos nas categorias epistemológicas, de problema, construção do objeto, objetividade, subjetividade, critérios de "cientificidade" e de verdade, paradigmas científicos, explicação, compreensão, construção do conhecimento (teorias do conhecimento), interesses cognitivos, visões de mundo, categorias cujas conotações o leitor irá apreciando, na medida em que avança nos capítulos deste instigante debate.

Compondo esta publicação, buscamos, em primeiro lugar, a recuperação histórica, a partir do século passado, da discussão entre os paradigmas quantitativo-realista e qualitativo-idealista. Essa visão histórica ajuda a compreender "o estado atual da questão e do debate em torno da incompatibilidade ou complementaridade entre ambas abordagens da pesquisa". Santos Filho, autor do primeiro estudo, destaca as fontes filosóficas de cada paradigma, pois as próprias concepções envolvidas requerem uma visão ampla das categorias que estão em jogo. Por isso, a necessidade de sua fundamentação na história da filosofia e a recuperação da contribuição de importantes autores como Comte, Stuart Mill, Durkheim, Dilthey, Weber, Husserl, Habermas, Bernstein etc.

Uma vez colocada a fundamentação histórico-filosófica, Santos Filho debruça-se na apresentação dos argumentos a favor das teses da incompatibilidade entre os paradigmas (Kerlinger, Smith e outros); das teses da diversidade complementar (Cook e Campbell dentre outros) e das teses da unidade (Howe e Walker). Essas teses têm como eixo o aumento ou a diminuição da importância, dada a distinção entre os fatos e os valores e entre a quantidade e a qualidade. O autor defende a tolerância do pluralismo epistemológico e convida ao contato permanente com os clássicos que irão fecundar as discussões quando elas remetem às raízes histórico-filosóficas das categorias que estão em jogo.

O segundo texto, cuja elaboração foi baseada na recomposição de um artigo publicado anteriormente, apresenta, em forma oportuna, a recente história da controvérsia sobre as tendências da pesquisa, retomando a discussão em torno dos desvios e dos "ismos" que permeiam a pesquisa em educação e localizando o debate quantidade-qualidade, no contexto das opções técnicas. Entendemos que esses "vieses", assim como o reducionismo tecnicista, devem ser compreendidos no seio dos paradigmas científicos que começam a se delinear no final da década de 1970, quando a pesquisa educacional buscava novas alternativas epistemológicas, em face do relativo domínio do modelo empírico-analítico, comumente conhecido como paradigma positivista.

No terceiro trabalho, abordamos a questão da quantidade-qualidade com base na tese do falso dualismo técnico, por entender que o conflito surge quando se reduzem as alternativas apenas a um dos níveis do processo da pesquisa, desconectado dos outros níveis, tais como o metodológico, o teórico, e o epistemológico, e por se esquecerem dos pressupostos gnosiológicos e ontológicos implícitos nas várias opções da investigação, mesmo nas técnicas.

A perspectiva da análise aqui apresentada sugere remeter a discussão sobre as técnicas e métodos ao âmbito das teorias da ciência e das epistemologias.

Entretanto, mesmo remetendo-se a discussão a concepções de ciência diferenciadas e às tendências epistemológicas, alertamos para o risco de cair-se num outro dualismo, ou no que chamamos de "dicotomia epistemológica", dentre as tendências que fundam as técnicas quantitativas e qualitativas, tal como são expostas por Santos Filho no primeiro estudo deste livro.

Remeter a discussão à epistemologia é, sem dúvida, um avanço. O risco está em ficar nos dualismos e dicotomias. A lógica dualista, que parece estar por trás desse conflito, fecha o raciocínio em alternativas que excluem outras opções. Utiliza-se na discussão a lógica formal do "terceiro excluído". Nesse sentido, perguntamo-nos quais das abordagens estariam dentre essas terceiras opções excluídas?

Tentando essa nova fase, propomos esforços na busca de "terceiras opções", incluindo nelas várias outras alternativas, especialmente as que trabalham com as categorias de síntese. A modo de exemplo, indicamos a dialética materialista como uma dessas alternativas, não sem antes advertir que, dada a acumulação de "massa crítica" gerada na intensidade da prática da pesquisa, é possível uma diversidade de novas e ricas sínteses.

Convidamos o leitor a discutir conosco essa questão que é de nossa época e que tem dado oportunidade de amadurecer a pesquisa nas Ciências Sociais, na medida em que tem exigido a recuperação dos fundamentos lógicos e epistemológicos e das fontes histórico-filosóficas das categorias que a sustentam e enriquecem.

1

Pesquisa quantitativa *versus* pesquisa qualitativa: o desafio paradigmático

José Camilo dos Santos Filho

Introdução

Dois são os objetivos fundamentais deste trabalho. O primeiro é analisar as bases históricas do desenvolvimento dos paradigmas quantitativo-realista e qualitativo-idealista. Na raiz desse problema estão as diferenças entre duas visões de mundo que dominam a pesquisa educacional, ou seja, a visão realista-objetivista e a visão idealista-subjetivista. O segundo objetivo é especular sobre a incompatibilidade intrínseca ou complementaridade desses dois paradigmas de pesquisa nas ciências humanas e da educação. A relevância da questão está em que os pesquisadores universitários, tanto em suas pesquisas como nas de seus orientandos, tendem a valorizar e exigir a coerência paradigmática, na convicção de que a tese da "incomensurabilidade" dos paradigmas é uma posição filosófica incontestável e aceita com unanimidade pelos filósofos da ciência. Na primeira parte, coloca-se o problema em seu contexto histórico para mostrar que as bases conceituais de sua discussão atual estão enraizadas em ideias do século XIX. Na segunda parte, procura-se discutir as teses da incomensurabilidade, da complementaridade e da unidade dos paradigmas nas ciências humanas e da educação.

A discussão é importante para iluminar as bases filosóficas presentes na opção por determinada abordagem de pesquisa nas ciências humanas e da educação. A consciência das pressuposições subjacentes a determinada metodologia adotada é crucial para, não só assegurar coerência teórico-metodológica, mas sobretudo deixar claro ao pesquisador e seu leitor o alcance e os limites de sua abordagem de pesquisa.

Contexto histórico dos paradigmas de pesquisa

A partir da década de 80 do século passado, os paradigmas de pesquisa dominantes nas Ciências Sociais e da educação têm sido o quantitativo-realista e o qualitativo-idealista. Uma breve análise histórica de seus desenvolvimentos e confrontos desde o século XIX poderá contribuir para a compreensão do estado atual da questão e do debate em torno da incompatibilidade ou complementaridade entre ambas abordagens de pesquisa. Um terceiro paradigma, inspirado especialmente nos neomarxistas, passou a desafiar a hegemonia dos dois anteriores a partir do final da década de 70 do século passado e a tratar as categorias quantidade e qualidade na perspectiva da dialética materialista.

Base histórica do paradigma quantitativo-realista

No século XIX, uma das questões cruciais de filósofos e pesquisadores na área das incipientes ciências humanas foi o problema da unidade das ciências. Diante do prestígio e sucesso dos métodos das ciências físicas, indagava-se se a vida social humana podia ou devia ser investigada com os métodos destas ciências.

Duas respostas ou posições foram assumidas diante desse problema. Uma defendia a unidade das Ciências e, portanto, a legitimidade do uso do mesmo método em todas as ciências. A outra posição era favorável à tese da peculiaridade das Ciências Sociais e Humanas e, portanto, defendia um método científico específico para estas ciências. Do lado da unidade das ciências da natureza colocaram-se: Comte, Mill e Durkheim. Este grupo posicionou-se no contexto da tradição empirista estabelecida por Locke, Newton e outros. A tradição da explanação causal nas ciências naturais, segundo Von Wright (1971), remonta a Galileu. Do lado oposto estavam vários teóricos e filósofos, como Dilthey, Rickert, Weber e Husserl. A origem filosófica deste grupo é a tradição idealista kantiana, mas, como observa Von Wright, essa tradição iniciou-se com Aristóteles.

A filosofia positivista de Comte representa uma poderosa defesa da unidade de todas as ciências e da aceitação da abordagem científica na realidade social humana

(Smith, 1983b). A compreensão da tradição intelectual e da condição político-social dentro da qual Comte desenvolveu suas ideias ajuda a compreender as bases de seus argumentos em defesa da unidade das Ciências.

Comte recebeu influências de duas escolas opostas de pensamento na França pós-revolucionária. Muitas das ideias do Iluminismo sobre a crítica à religião, a necessidade de abandonar a metafísica e de unificar as ciências baseadas na teoria empiricista do conhecimento foram aceitas por ele. Mas, opondo-se ao Iluminismo, Comte achou que a supervalorização do individualismo, em última instância, conduziria à desagregação da sociedade. Por isso, em reação à Revolução e a seus excessos, aderiu a pensadores sociais franceses que se preocupavam com o problema da ordem social (Benton, 1977). Para Comte, a solução da questão de articular o progresso do Iluminismo com a necessidade da ordem estava em desenvolver uma ciência da sociedade. O estudo da sociedade ajudaria na busca de um progresso ordenado e controlado.

Comte desenvolveu duas linhas correlatas de raciocínio para fundamentar seus argumentos a favor de uma ciência da sociedade. A primeira dizia respeito à lei dos três estados ou fases da sociedade: o teológico (ênfase na busca de causas finais), o metafísico (destaque para as forças abstratas, tais como a natureza) e o positivo (conhecimento baseado na ciência e no método científico), estados estes entendidos como evolução inevitável no processo humano de compreensão do mundo e da sociedade. A segunda estabelecia uma hierarquia das Ciências com base nos critérios de abstração, complexidade e relevância prática, ficando assim a ordenação das Ciências: Matemática,

Astronomia, Física, Química, Biologia e Sociologia. Nessa progressão, cada área científica depende do desenvolvimento da que a precedeu. Portanto, a Astronomia não pode existir sem a Matemática. Essa perspectiva de Comte levou ao domínio da Ciência como a abordagem mais adequada para se obter o conhecimento. Associando as Ciências Sociais às Ciências Físicas, tanto em sua epistemologia como em seu método, a hierarquia também se constitui na justificativa do relativo atraso das Ciências Sociais em comparação com as Ciências Físicas.

Alguns aspectos do movimento positivista são relevantes para a discussão contemporânea da pesquisa social. Primeiro, a posição da unidade das Ciências levou à conclusão de que os objetos sociais deveriam ser tratados tal qual os objetos físicos nas ciências físicas. Percebe-se então que os conhecimentos sociais também são baseados na experiência dos sentidos. Essa posição é consistente com a ideia realista de que existe uma separação entre o sujeito cognoscente e o objeto conhecido. Os objetos sociais, como os objetos físicos, têm uma existência independente do observador e do seu interesse.

Segundo, os positivistas defendiam que a pesquisa social era uma atividade neutra. O pesquisador social não deveria avaliar ou fazer julgamentos mas apenas discutir o que era ou existia, bem como ser também objetivo e evitar que seus vieses influenciassem o processo de pesquisa. Posteriormente, objetivando a aplicação prática de seus conhecimentos, descobriu as regularidades ou leis sociais. Tais regularidades permitiriam a explanação (*erklären*) e a predição, que poderia fornecer uma base para a intervenção a fim de mudar a sociedade.

Contemporâneo de Comte durante seus últimos anos de vida, John Stuart Mill divulgou o Positivismo e trouxe uma contribuição metodológica para o seu aprimoramento. Primeiramente, levou-o para a Inglaterra, em seu comentário do pensamento de Comte e no seu próprio trabalho; depois tornou-se um dos poucos positivistas a derivar certas regras e procedimentos valendo-se da teoria do conhecimento (Smith, 1983a). O método assumido por Mill baseava-se em duas leis que descobriu por indução: a lei da uniformidade da natureza e a lei da causação (Mill, 1965). Para Mill, cada evento tinha uma causa e a causa de qualquer evento particular era o evento imediato, incondicional presente que o precedeu. Desenvolveu então uma série de cânones lógicos que podiam ser usados para isolar a causa de um fenômeno ou descobrir regularidades (Cohen e Nagel, 1934). Esses cânones ainda influenciam o modo como a pesquisa social é logicamente abordada.

Os trabalhos de Mill e Comte diferem em alguns aspectos importantes. Para Mill, as leis sociais poderiam ser reduzidas às leis do comportamento individual, enquanto Comte entendia que a sociedade era um organismo com suas próprias leis. Mill sobrepunha o estudo da Psicologia ao da sociedade; Comte via a impossibilidade de estudar a Psicologia, dado que a mente não seria diretamente observável. Mill, examinando os efeitos ambientais sobre os pensamentos, sentimentos e comportamentos do indivíduo, denominou esse estudo de Etologia. A mais importante consequência de tal diferença teórica é que Mill colocou as bases da ciência psicológica na tradição positivista-empirista, enquanto Comte vinculou a essa tradição os fundamentos da ciência sociológica (Smith, 1983b).

De outra forma, Durkheim é provavelmente o que mais se destaca em termos de como se pensa e se conduz a pesquisa social hoje (Smith, 1983b). Escreveu sobre metodologia (Durkheim, 1982a) e elaborou também estudos substantivos que a empregaram (Durkheim, 1982b). Ao formular regras metodológicas e aplicá-las na pesquisa, causou um forte impacto na Ciência Social.

Como Comte, Durkheim viveu numa época da história francesa caracterizada pelo agravamento da crise política e social. Em função disso, esteve preocupado igualmente com a ordem na sociedade e com a primazia do social sobre o individual. Durkheim baseou suas ideias na teoria comteana de uma Ciência Social inspirada nas ciências naturais e com o potencial para prevenir a desagregação da sociedade; no entanto, rejeitou a ideia das três fases da história por considerá-la mera formulação metafísica, sem evidência empírica.

Durkheim, concordando com Mill quanto à dificuldade de realizar experimentos com fenômenos sociais, entretanto, ao utilizar o método comparativo, fez da variação concomitante uma parte essencial de sua metodologia. Diferiu, porém, radicalmente de Mill sobre a questão do social *versus* o individual. Não aceitou a ideia de que os fenômenos sociais podem ser explicados por sua redução às leis da Psicologia. Ao contrário, defendeu que havia uma autonomia do social que era real e podia ser estudada como tal.

O princípio mais importante da teoria do conhecimento de Durkheim é que os fatos sociais são coisas, objetos de conhecimento. Os dados baseados na observação e em experimentos são necessários para sua compreensão (Durkheim, 1982a). Assim, segundo Durkheim, o social é real e externo ao indivíduo. Isso significa que o fenômeno social tem o mesmo *status* do fenômeno físico porque é independente da consciência humana e acessível mediante a experiência dos sentidos e da observação.

Durkheim defendeu também que os fatos sociais, tais como leis e costumes, têm um poder coercitivo sobre os indivíduos e são independentes de suas vontades. Para aquele que se conforma com esses fatos sociais, seu efeito coercitivo não é percebido, mas aquele que tenta violá-los sente seu poder coercitivo. Os métodos de coerção vão da prisão até ao ridículo ou desaprovação pública. Isso mostra que existe fora dos indivíduos uma realidade social que tem o poder de coagir os que nascem dentro de um contexto cultural não criado por eles.

Segundo Durkheim, o cientista social conhece os fatos sociais não por intermédio do senso comum, que pode variar muito dentro de determinada sociedade, mas utilizando-se de uma linguagem própria, divorciada da linguagem comum, e de um método próprio, diferente das abordagens comuns de conhecimento. O caráter dos fatos sociais não pode ser revelado pelo senso comum. Para Durkheim, o pesquisador social deve colocar-se no mesmo estado de espírito do cientista físico quando este tenta pesquisar a natureza (Durkheim, 1982a). Isso envolve uma série de prescrições sobre como o cientista social deve investigar seu objeto. Primeiro, ele deve eliminar todos os vieses, pressuposições e crenças do senso comum sobre pesquisa; segundo, não deve envolver-se emocionalmente ou ter atitudes preconcebidas sobre o objeto. Portanto, o cientista social de Durkheim deve ser neutro e objetivo como o cientista físico. A Ciência se limita ao que é e não ao que *deve ser*. O cientista social não deve discutir como a sociedade deveria funcionar, porque com isso pode descobrir apenas como de fato ela funciona.

O passo seguinte de Durkheim foi classificar as coisas em termos de suas características externas, segundo o modo determinado pela observação. Uma vez identificado um grupo social, que constitui um campo de estudo e um fato social, o cientista social teria acesso a esse fato social porque ele é observável, em termos de comportamento (Durkheim, 1982b).

A tarefa crucial de Durkheim foi explicar os fatos sociais relacionando-os com outros fatos sociais. A habilidade para correlacionar fatos sociais é a meta da Ciência Social porque isso permite descobrir as causas, tornando as Ciências Sociais semelhantes às ciências da natureza. Durkheim aceita aqui a definição de causa sugerida por Mill e aplica seu método comparativo e seu cânon de variação concomitante. Durkheim entendeu que se dois fenômenos variam juntos constantemente e se podemos apresentar argumentos racionais para essa covariação, temos aí a prova da causação.

Na virada do século XIX para o século XX, as Ciências Sociais haviam adotado plenamente o modelo das ciências naturais. O que Comte e Durkheim fizeram para a Sociologia, outros (Mill, por exemplo) o fizeram para a Psicologia. De modo semelhante, nos seus primórdios, como um campo autônomo de investigação, a educação assimilou o método científico adotado por essas duas disciplinas.

No último quartel do século XIX, Wundt fundou o primeiro laboratório de Psicologia experimental, segundo os moldes da Ciência experimental. Mais tarde, Binet, Stanley

Hall, Thorndike e Claparède aprofundaram o uso do método experimental na Psicologia e na educação e se tornaram os criadores da Ciência psicológica conforme os cânones do Positivismo científico (De Landsheere, 1988). Esse paradigma emergente tornou-se também parte de um movimento mais amplo pela "administração científica" na indústria.

Tal paradigma, dominante nos Estados Unidos, foi adotado na psicologia educacional por Edward Thorndike (da Universidade de Columbia), que defendia a aplicação do "método das Ciências Exatas" aos problemas educacionais. Mais tarde foi desenvolvido por John Franklin Bobbitt, professor da Universidade de Chicago, que em 1912 defendeu a ideia segundo a qual as escolas poderiam funcionar de acordo com "a administração científica", teoria desenvolvida por Frederick Taylor na indústria. Bobbitt também exerceu um papel importante na tentativa de determinar empiricamente o conteúdo do currículo por meio da análise ocupacional (Husén, 1988).

Em suma, o desenvolvimento da Psicologia e da educação, desde o início do século XX até os anos 1970 desse mesmo século, deu-se dentro do paradigma das Ciências naturais, à moda da Sociologia comteana e durkeimiana. Exceções a esse movimento hegemônico de pesquisa foram, a partir da década de 1930, as pesquisas de Piaget, na Suíça, as de Vygotsky, Luria e Leontief, na ex-União Soviética; e, nos Estados Unidos, as de Rogers e Maslow a partir da década de 1940, e as de Bruner a partir da década de 1950. Na Psicologia dominou o behaviorismo, e na Educação predominou a pesquisa empírica, conforme os cânones do Positivismo realista. Nos anos 60 do século passado, a pesquisa na Educação teve um grande impulso em alguns países do

Primeiro Mundo, mas basicamente dentro deste mesmo paradigma. Enquanto, a partir dos anos 1960, iniciava-se um grande debate epistemológico inspirado por filósofos como Polanyi, Popper, Kuhn e Piaget, somente em 1974 dois dos mais conhecidos pesquisadores educacionais americanos, Cronbach (1974) e Campbell (1974), sem mútua consulta prévia, escolheram o encontro anual da *American Psychological Association* "para reagir contra a ênfase positivista tradicional sobre os métodos quantitativos e enfatizaram a importância crítica de métodos alternativos de pesquisa" (De Landsheere, 1988, p. 15).

Em síntese, aplicado à Sociologia, à Psicologia e à Educação, o método científico das Ciências naturais apresenta três características básicas: primeiro, defende o dualismo epistemológico, ou seja, a separação radical entre o sujeito e o objeto do conhecimento; segundo, vê a Ciência Social como neutra ou livre de valores; e terceiro, considera que o objetivo da Ciência Social é encontrar regularidades e relações entre os fenômenos sociais.

Base histórica do paradigma interpretativo-idealista

A reação crítica à adoção da teoria positivista do conhecimento pelas Ciências Sociais iniciou-se na segunda metade do século XIX. Os filósofos e pensadores sociais envolvidos nesse movimento entendiam que o estudo da vida social humana em termos de analogia com as Ciências Físicas, além de incorreto, podia destruir o que representa a essência da vida social humana. Para eles, o Positivismo enfatizava em demasia o lado biológico e social do ser humano e esquecia a dimensão de sua liberdade e individualidade. Essa reação crítica à abordagem positivista começou na Alemanha. O pensamento alemão ainda sofria considerável influência do idealismo de Kant. Como observa Smith, "a abordagem interpretativa de pesquisa social desenvolveu-se a partir desta tradição idealista" (1983b, p. 34). Entre os pensadores que contribuíram para o desenvolvimento das Ciências Sociais dentro dessa tradição filosófica, pode-se citar: Dilthey, Rickert, Weber e Husserl. Uma crítica mais recente à perspectiva positivista aplicada às Ciências Sociais e Humanas foi feita pelos filósofos críticos da Escola de Frankfurt.

Dilthey é considerado um dos primeiros críticos da utilização do Positivismo nas Ciências Sociais a ter um grande impacto (Hodges, 1944; Smith, 1983b). Embora sua preocupação principal fosse com o estudo da História, suas ideias também se aplicam às Ciências Sociais. Dilthey afirmava que havia uma diferença fundamental entre o objeto das ciências naturais (*Naturwissenschaft*) e o das Ciências Sociais, ou como as chamava, as ciências "culturais" (*Kulturwissenschaft*). Tal diferença significava que havia também divergências entre os dois tipos de ciências em relação às atitudes dos investigadores, ao modo de fazer a pesquisa e aos objetivos de suas pesquisas. Dilthey não era anticientífico (Smith, 1983b), mas opunha-se claramente ao empréstimo da metodologia das Ciências naturais pelas Ciências Sociais para o estudo da vida social, tanto no contexto contemporâneo como no histórico.

Dilthey afirmava que nas ciências culturais não se lida com objetos inanimados que existem fora de nós ou com um mundo de fatos externos e cognoscíveis objetivamente. O objeto das ciências culturais refere-se aos produtos da mente humana que estão intimamente conectados com as mentes humanas, incluindo sua subjetividade, emoções e valores. Ele concluía que a sociedade é o resultado da intenção humana consciente e que as inter-relações entre o objeto pesquisado e o investigador são inseparáveis. Não há uma realidade objetiva como tal, no contexto da realidade humana; portanto, não há forma de se distanciar dos eventos da vida para, com isso, descrever o que significam. O que se pode conhecer é que certos eventos significam alguma coisa para certas pessoas que os realizam e vivem por meio deles (Bergner, 1981). Com base nessa perspectiva, os seres humanos são ao mesmo tempo sujeitos e objetos de investigação nas Ciências Sociais e o estudo do mundo social é, em essência, "o estudo de nós mesmos" (Smith, 1983b, p. 35).

Dilthey também criticou um segundo princípio importante do Positivismo: a busca de regularidades ou leis causais, que, para ele, não se aplica às Ciências Sociais. O que se justifica pelo fato de que a vida social não apresenta regularidades semelhantes às das Ciências naturais (Hodges, 1944). A complexidade da vida social, a variedade de interações entre os indivíduos, as contínuas mudanças ao longo do tempo e as diferenças culturais não permitem que os teóricos estabeleçam leis que se apliquem em todo o tempo e lugar.

O objetivo do estudo da sociedade, segundo Dilthey, é adquirir uma compreensão do individual ou do tipo. Nesse sentido, os estudos humanos deveriam ser descritivos e não explanatórios em sua intenção; e o verdadeiro propósito das Ciências Sociais consistiria na tentativa de se buscar uma compreensão interpretativa. Nos anos de 1890, Dilthey publicou um tratado que se tornou clássico em que fez a distinção entre *erklären* e *verstehen*. *Erklären* é o método das

Ciências naturais e, *verstehen*, o método das Ciências Sociais. Isso se justifica.

A contribuição mais importante de Dilthey para o estudo da vida social encontra-se em seu conceito de experiência vivida e de compreensão interpretativa. Para ele, há dois modos de se "experienciar": a experiência interna e a experiência sensorial. Esta última é utilizada pelas Ciências naturais, que constroem abstrações e geram leis sobre a uniformidade da natureza. A experiência interna ou vivida internamente, crucial nos estudos humanos, refere-se à conscientização de nós mesmos e dos outros, sendo imediata e direta. Segundo Dilthey, os complexos padrões de relações, valores e figurações do mundo mental, o mundo "construído" dos "objetos" mentais, são parte importante da vida social. "Estamos conscientes deste mundo mental porque nós mesmos somos uma parte dele através de nossa experiência vivida" (Smith, 1983b, p. 36).

O dualismo sujeito-objeto das Ciências naturais não é adequado às Ciências Sociais. Enquanto as Ciências naturais podem se livrar de sua projeção mental por causa da natureza inanimada de seus objetos de estudo, as ciências humanas dependem dessa recriação como a verdadeira base para sua abordagem do conhecimento. Os objetos das ciências humanas não são entidades físicas ou processos externos, mas manifestações da mente. A tarefa do pesquisador nas Ciências Sociais não é descobrir leis, mas engajar-se numa compreensão interpretativa — que Dilthey chama de *verstehen* — das mentes daqueles que são parte da pesquisa.

O processo de *verstehen* envolve a tentativa de compreender os outros mediante o estudo interpretativo de sua linguagem, gestos, arte, política, leis etc. Compreender é conhecer o que alguém está experienciando por meio de uma re-criação daquela experiência, ou do contexto daquela experiência em si mesmo. Portanto, requer-se um certo grau de empatia ou uma disposição para recriar. Quanto mais complexo o evento, maior o esforço exigido para compreendê-lo.

Dilthey também definiu a compreensão envolvendo o que chamou de *círculo hermenêutico*. Originalmente a *hermenêutica* referia-se à interpretação de textos; mas, do modo como elaborou a ideia, passou a significar o conhecimento do contexto ou *background* necessário para a interpretação de eventos. O processo torna-se circular porque cada parte de um texto requer o resto dele para tornar-se inteligível. Igualmente, o todo somente pode ser entendido em termos das partes. O processo de interpretação implica um constante movimento entre as partes e o todo, no qual não há nem começo absoluto nem ponto final. A importância do processo hermenêutico é sua ênfase na necessidade de contextualizar o significado da expressão humana e de não divorciá-lo desse contexto (Smith, 1983b). Nessa perspectiva, Dilthey esbarrou num impasse: como se pode distinguir uma interpretação correta de uma incorreta? Segundo sua teoria, não há um padrão estabelecido para resolver o conflito de interpretações. Ao rejeitar tanto a solução metafísica como a positivista, Dilthey caiu em um relativismo que não lhe satisfez mas do qual não pôde escapar (Hughes, 1958). Esse problema é recorrente nas discussões da perspectiva interpretativo-idealista.

Em síntese, Dilthey trouxe uma importante crítica ao paradigma positivista aplicado às Ciências Sociais. Fez uma séria crítica às ideias absolutistas do empirismo positivista, propôs uma alternativa ao dualismo sujeito-objeto do Positivismo, criticou a ideia de objetividade e a separação entre fatos e valores nas Ciências Sociais e enfatizou que o objetivo das Ciências Sociais deve ser a compreensão e não a busca de leis para explanação e predição. Sobretudo, Dilthey questionou a possibilidade de se separar o pesquisador da coisa pesquisada e mostrou a inadequação da aplicação dos cânones das Ciências naturais às Ciências Sociais.

Rickert (1962), outro crítico do Positivismo, discorda de Dilthey quanto à ideia de que o problema central seja a diferença entre o objeto das Ciências naturais e o das Ciências Sociais. Para ele, as diferentes metodologias são necessárias porque os pesquisadores têm interesses diferentes nas duas áreas. O interesse nas Ciências naturais é nomotético, ou seja, busca generalizações e a descoberta de regularidades. A preocupação principal das Ciências Sociais é idiográfica, isto é, centralizada em eventos individuais.

A mais importante contribuição de Rickert foi tentar clarificar o significado da abordagem idiográfica para as Ciências Sociais e históricas. O principal problema que tratou foi o da determinação dos critérios de escolha de um evento para pesquisa. Para Rickert, a seleção de um evento específico para pesquisa é feita com base no critério *valor-relevância*. Nas Ciências naturais, o cientista seleciona as características comuns dos objetos com a intenção de generalização. Nas Ciências culturais, o foco em eventos individuais significa que a seleção das pesquisas feitas pelos pesquisadores é baseada em seus valores. Observou também que as Ciências culturais se preocupam não só com o que é experienciado pelas pessoas mas também com o que é significativo para elas. Ao incorporar os valores no processo de pesquisa, Rickert colocou um desafio à ideia da abordagem livre de valores para o estudo da vida social. Além disso, sua resposta ao problema do relativismo na abordagem interpretativa foi o recurso à posição metafísica (Hughes, 1958).

O terceiro teórico a ser discutido nesse contexto de crítica ao Positivismo é Max Weber (Smith, 1983b). Sua importância e originalidade está em ter tentado integrar aspectos da posição positivista com o idealismo de Dilthey e, em especial, com a posição de Rickert (Wrong, 1970). Weber aceitou muitas das posições dos idealistas e tentou resolver alguns de seus dilemas. Concordou também com várias ideias dos positivistas, mas rejeitou o pensamento de que somente uma abordagem pode ser chamada de científica. Nesse sentido, entendeu que a "ciência social é mais do que uma simples cópia das ciências físicas" (Smith, 1983b, p. 38). Sua tentativa de síntese das duas abordagens foi tão abrangente e profunda que tanto positivistas como interpretativistas tentaram usar parte de seus argumentos para defender suas posições. Assim, alguns empiricistas viram em suas ideias sobre causalidade um suporte para suas posições e alguns interpretativistas buscaram apoio em sua ênfase no significado subjetivo ou no *verstehen* (Weber, 1992-93).

Em sua concepção da lógica e do método da Ciência Social, Weber concordou com Rickert quanto ao fato de que a diferença fundamental entre as Ciências da natureza e as Ciências Sociais está baseada mais no tipo de questão que preocupa o pesquisador ou no interesse dele no objeto do que no objeto em si. Entendeu que era legítimo o uso de mais de uma abordagem na pesquisa social. Cada ciência podia ser e tem sido tanto nomotética como idiográfica no método. Mas isso não significa que a Ciência Social deveria adotar a metodologia do Positivismo. Como afirma Weber, o principal interesse da Ciência Social é o indivíduo, o comportamento significativo dos indivíduos engajados na ação social. A ação é o comportamento ao qual os indivíduos agregam significado e é social porque leva em conta o comportamento de outros indivíduos. O comportamento meramente reativo não deve ser a preocupação principal da Ciência Social. Nesse sentido, as questões de valor-relevância devem desempenhar uma parte importante no processo inteiro de pesquisa da Ciência Social. Além disso, os próprios cientistas sociais escolhem para pesquisar o que valorizam.

Segundo Weber, não há um ponto de partida definido para a Ciência Social em geral ou para qualquer estudo em particular. De acordo com a ideia de valor-relevância, é aceitável e natural que os cientistas sociais se interessem por diferentes coisas ou pela mesma coisa de diferentes modos. No mundo da complexidade de Rickert, essa é a base para a seleção de eventos ou ocorrências individuais. E, diferentemente da abordagem positivista, nas Ciências Sociais não pode haver ciência objetiva da sociedade inteira (Aron, 1970).

O valor-relevância coloca o pesquisador em uma relação íntima com o mundo que é objeto da investigação. Como ser humano que pesquisa os significados das ações sociais de outros seres humanos, o pesquisador é ao mesmo tempo sujeito e objeto de suas próprias pesquisas. Essa perspectiva se contrapõe à visão dualista de sujeito-objeto da ciência social positivista. Pela ótica de Weber, a Ciência Social na realidade constitui-se em uma busca de autoconhecimento, ou seja, dos valores, crenças, sentimentos e motivos humanos. Para Weber o objetivo principal e mais importante da pesquisa social é conseguir clareza sobre o significado da própria conduta do pesquisador (Wrong, 1970).

Em relação à ideia de valor-relevância, Weber distingue entre usar valores para determinar a escolha do objeto de estudo e usar valores para julgar o valor do objeto de estudo. Ele entende que o uso de valores neste segundo caso não é apropriado porque o cientista social não deveria dizer a ninguém o que deveria fazer, apenas o que poderia fazer segundo seus próprios valores. Uma vez que o cientista social escolheu seu tópico, deveria tentar buscar os fatos e não mascarar os valores pessoais como fatos científicos.

Como a principal preocupação das Ciências Sociais é o significado subjetivo dos atores sociais, Weber adota o método *verstehen* proposto por Dilthey. Para ele, este método é peculiar e único das Ciências Sociais. O conceito de *verstehen* permite que os pesquisadores lidem com o que é peculiarmente humano nas Ciências Sociais.

Segundo Weber, é difícil definir *verstehen*; mas, focalizando suas características, considera que há dois níveis de definição envolvidos. Primeiro, há a ideia de Dilthey de compreensão direta. Nesse sentido, *verstehen* significa apreender direta ou imediatamente uma ação humana, tal como um gesto ou expressão, sem fazer conscientemente uma inferência baseada naquela atividade. Assim, ele constitui uma percepção do "que" de uma ação. Mesmo para esse nível de compreensão, é necessário um certo cabedal de conhecimento. A necessidade de um mínimo de domínio de informação separa a compreensão direta do que geralmente se entende como intuição.

O segundo nível de *verstehen* envolve a compreensão explanatória. Obtém-se tal compreensão quando os motivos dos atores ou os significados que o indivíduo atribui à(s) sua(s) ação(ões) são compreendidos. O aspecto "o que" da ação é agora acrescido do "por que". Para compreender os significados de um outro indivíduo, é necessário que se coloque a ação dentro de um contexto de significado. Ou seja, o significado não pode ser divorciado do contexto. Por justificar o uso do método interpretativo nas Ciências Sociais segundo esse entendimento, Weber é considerado por muitos como o pai da Sociologia interpretativa e da pesquisa social interpretativa (Smith, 1983b).

Para resolver o problema do relativismo das interpretações, enfrentado e não superado por Dilthey, Weber adotou uma abordagem que envolvia uma reinterpretação da ideia de causalidade. Com base nisso, haveria algum processo de verificação, para o qual o pesquisador desenvolveria hipóteses causais passíveis de verificação ou rejeição empírica. Weber não queria dizer que as Ciências Sociais deveriam desenvolver leis causais como as Ciências naturais. Contrário aos positivistas, entendia que a realidade social é por demais complexa para ser abrangida por umas poucas leis básicas e teorias. Ele estava preocupado com a verificação empírica, mas não acreditava ser esse o nível no qual a ciência social devesse ser praticada. Também não reduziu o método *verstehen* apenas ao *status* de um processo gerador de hipóteses a serem depois testadas empiricamente.

Weber tentou juntar o método *verstehen* à sua interpretação de causalidade por meio da introdução de um conceito muito famoso — o tipo ideal, que se trata de um construto mental usado pelo cientista social para fazer comparações com a realidade ou para avaliar a realidade. O tipo ideal é construído como uma racionalização, pelo fato de reunir várias características na tentativa de produzir um todo coerente. A racionalização, quando aplicada *à* realidade, é usada para desvelar a causa da ação social. Os tipos ideais, contudo, não são como as leis do Positivismo, considerando-se que pode haver muitos tipos ideais para um mesmo fenômeno. Se os tipos ideais se constituem em explanações significativas, então o curso da ação especificada precisa ter uma possibilidade de ocorrer.

A reação dos fenomenólogos e teóricos críticos

Uma outra vertente de crítica aos positivistas originou-se da Filosofia fenomenológica desenvolvida por Edmund Husserl na Alemanha. Husserl enfatizou a importância de se adotar uma perspectiva ampla e tentar "ir *às raízes*" da atividade humana. Defendeu também a tese de que o método das ciências da natureza era inadequado ao objeto das ciências do homem. A abordagem fenomenológica, como a hermenêutica, é holística e tenta por meio da empatia (*Einfühlung*) entender os motivos subjacentes às reações humanas. Ao ampliar a perspectiva e procurar compreender os seres humanos como indivíduos em sua totalidade e em seu próprio contexto, a fenomenologia tenta também evitar a fragmentação causada pela abordagem positivista e experimental que analisa parcelas do sujeito. Segundo a fenomenologia, o acesso aos motivos é possível por intermédio da análise hermenêutica, mediante o exame do texto e do contexto no qual os eventos ocorreram. Essa abordagem hermenêutica prevalece ainda na Europa continental, tendo sido menos difundida em outros continentes.

A partir da década de 30 do século XX e especialmente em 1960, os teóricos críticos da Escola de Frankfurt também fizeram sérias críticas ao paradigma positivista e mesmo à abordagem dos fenomenólogos e hermeneutas. Em *Dialética do esclarecimento*, Horkheimer e Adorno (1985) denunciaram o caráter alienado da ciência e técnica positivista, cujo substrato comum é a razão instrumental. Já antes, Horkheimer (1975), em seu famoso escrito "Teoria tradicional e teoria crítica", havia analisado o conflito entre a dialética e o Positivismo. Em um segundo momento, aconteceu o famoso debate sobre os fundamentos epistemológicos do Positivismo e da Dialética, no qual se deu o confronto entre as ideias de Popper e as de Adorno. Mesmo considerando-o um positivista sofisticado, Adorno (1975) não deixou de criticar a postura "positivista" de Popper, manifesta especialmente em sua defesa do método. Finalmente, em um terceiro momento, no debate com Luhmann, Habermas mas criticou a interpretação da realidade proposta por este sociólogo, rejeitando sobretudo sua indistinção entre realidade e sua representação, bem como seu entendimento do conceito de significado. Para Habermas, a teoria sistêmica de Luhmann constitui uma reformulação modernizada da "teoria tradicional", criticada por Horkheimer, ou do positivismo popperiano, contestado por Adorno (Freitag, 1988).

Teses sobre a incompatibilidade, a complementaridade e a unidade dos paradigmas

As críticas ao paradigma positivista levaram, a partir da década de 70 do século XX, à adoção de abordagens alternativas de pesquisa nas ciências humanas e da educação, passando a ameaçar a hegemonia do paradigma positivista. Essa nova prática, estimulada pela publicação e debate da importante obra de Thomas Kuhn (1962) sobre a "estrutura das revoluções científicas", provocou nos últimos vinte anos um acalorado debate sobre paradigmas de pesquisa nas Ciências humanas e da Educação.

Vários teóricos tentaram, a partir dos anos 70 do século passado, classificar os paradigmas de pesquisa nas Ciências Sociais, Políticas e Educacionais. Habermas (1971), baseado em uma tipologia do interesse humano, distingue três tipos de conhecimento: o conhecimento empírico-analítico, interessado na compreensão do mundo físico; o conhecimento hermenêutico e histórico, preocupado com o significado e compreensão dos eventos históricos; e o conhecimento crítico, orientado para a exposição das condições de opressão e dominação. Bernstein (1976) distingue três tipos básicos de paradigmas: o empírico, o fenomenológico e o crítico. Com base em um conjunto de pressuposições sobre a natureza da sociedade e das Ciências Sociais, Burrell e Morgan (1979) propõem quatro paradigmas sociológicos: o funcionalista, o interpretativo, o humanista radical e o estruturalista radical. À luz de tais paradigmas, esses teóricos fazem uma análise das teorias das organizações. Popkewitz (1980, 1984) reconhece a existência de três paradigmas em pesquisa educacional e os denomina, respectivamente, de empírico-analítico, ciência simbólica e ciência crítica. Soltis (1984) propõe quatro paradigmas de pesquisa em Educação: o empírico, o interpretativo, o crítico e o normativo. Torsten Husén (1988) sustenta a existência de dois paradigmas em pesquisa educacional: o científico e o humanístico. O primeiro se identifica com o positivismo clássico e sua expressão moderna de "neopositivismo". O segundo apresenta pelo menos três abordagens — a idealista de Dilthey, com seu método *verstehen*, a fenomenológica, com sua perspectiva ampliada de tentar "ir às raízes" da atividade humana, e a teoria crítica, com seus filósofos neomarxistas que não tiveram grande dificuldade em aceitar a hermenêutica e articulá-la à abordagem dialética. Finalmente, Hoshmand (1989) classifica os paradigmas alternativos de pesquisa em três categorias, a saber: o naturalístico-etnográfico, o fenomenológico-hermenêutico e o cibernético e outros "contextos altos".

Algumas dessas classificações de paradigmas foram adotadas por diversos teóricos da Educação. Assim, por exemplo, MacDonald (1975) e Giroux, Penna e Pinar (1981) aplicaram-nas às teorias do currículo; Zeichner (1983), ao currículo para a formação de professores; Blackledge e Hunt (1985), à Sociologia da Educação; Foster (1986) e Deblois (1988), às teorias de administração educacional; Carr e Kemmis (1988), às teorias do ensino.

Em relação ao debate sobre a compatibilidade ou não entre esses diferentes paradigmas, Walker e Evers (1988) entendem que três teses básicas podem ser defendidas: a primeira é a tese da diversidade incompatível entre os diferentes paradigmas; a segunda, a da diversidade compatível; e a terceira, a da unidade ou integração das diversas perspectivas.

Tese da diversidade incompatível

A tese da diversidade incompatível foi defendida, em datas diferentes, por Kerlinger (1973), Smith (1983a), Lincoln e Guba (1985) e Smith e Heshusius (1986).

Os pesquisadores quantitativistas, em geral, veem a pesquisa qualitativa como carente de objetividade, rigor e controles científicos (Kerlinger, 1973). Sem o recurso da quantificação, a pesquisa qualitativa não produz generalizações para se construir um conjunto de leis do comportamento humano, nem pode aplicar testes adequados de validade e fidedignidade. Além disso, baseados na distinção positivista entre fatos e valores, esses pesquisadores consideram que a pesquisa qualitativa não apresenta padrões de objetividade e não atende aos critérios de verdade do paradigma positivista.

Segundo os defensores da tese da incomensurabilidade, os pontos de vista do realismo quantitativista e do interpretativismo idealista são radicalmente opostos e por isso incompatíveis. Vamos apresentar suas perspectivas sobre os seguintes aspectos: visão do mundo ou premissas subjacentes, relação entre o pesquisador e o objeto pesquisado, relação entre fatos e valores, objetivo da pesquisa, abordagem, foco, método, papel do pesquisador e principal critério da pesquisa.

a) Visão de mundo ou premissas subjacentes

A pesquisa quantitativa está baseada numa filosofia positivista ou realista que supõe a existência de fatos sociais com uma realidade objetiva independentemente das crenças individuais. Concebe também o homem como objeto/reator. Admite a centralidade dos traços e os concebe como dados objetivos. Concebe a verdade como absoluta e objetiva e propõe modelos estáticos (exemplo: estrutural/funcional). Já a pesquisa interpretativa está enraizada no paradigma fenomenológico que sustenta que a realidade é socialmente construída por meio de definições individuais ou coletivas da situação (Taylor e Bogdan, 1984). Concebe o homem como sujeito e ator. Enfatiza a centralidade do significado, considerando-o como produto da interação social. Entende a verdade como relativa e subjetiva, reconhece a mudança e aceita a teoria do conflito.

b) Relação entre o pesquisador e o objeto pesquisado

Na pesquisa quantitativo-realista, a realidade social é independente do pesquisador (dualismo sujeito-objeto). Donde sua perspectiva externalista que implica a prévia existência do objeto de investigação independentemente do interesse do pesquisador sobre ele. Nessa perspectiva, o processo de investigação deve separar-se do que é investigado, pois o objeto não pode ser afetado pelo processo utilizado. Por outro lado, o instrumento é visto como separado do objeto e serve para fornecer um reflexo mais ou menos acurado do objeto. A linguagem do pesquisador, nessa ótica, deve ser científica e neutra. Em suma, na pesquisa quantitativo-realista, adota-se a teoria da correspondência da verdade, que tem sua fonte na realidade e pode ser estabelecida mediante o processo de verificação empírica.

Na pesquisa interpretativo-idealista, o dualismo é inaceitável. A realidade é dependente da mente do sujeito e o pesquisador não se pode colocar fora da história nem da vida social. Nessa perspectiva, entende-se que a realidade é criada pela mente do sujeito (idealismo ontológico) ou moldada pela mente (idealismo conceitual). Uma vez que a realidade é dependente da mente, na ótica da pesquisa qualitativa, é impossível o investigador e o processo de pesquisa não influenciarem o que é investigado — como o instrumento não pode separar-se do que está sendo medido —, sendo este uma extensão do pesquisador e um fator na construção da realidade pesquisada.

Em vez da linguagem científica, o pesquisador qualitativo defende uma linguagem real, não neutra e semelhante à do dia a dia. Em suma, a perspectiva qualitativa, em contraste com a teoria da correspondência, adota uma posição epistemológica diferente. O idealismo conceitual (realidade moldada por nossa mente) opta pela teoria da coerência da verdade. Uma proposição é verdadeira se está consistente e coerente com outras proposições. O máximo que se pode fazer, segundo essa posição, é construir esquemas coerentes sobre a realidade (Rescher, 1973). Em conclusão, a verdade é historicamente condicionada e se baseia na concordância social.

c) Relação entre fatos e valores

Na perspectiva quantitativo-realista, a objetividade de uma observação deve ter seu referente no mundo dos fatos que existem independentemente do pesquisador. Valendo-se do método adequado, o pesquisador é capaz de conhecer as coisas como realmente são, o que implica a geração de um conhecimento público que pode ser replicado por outros pesquisadores que usarem o mesmo método de investigação. Desse modo, os fatos são separados dos valores e o cientista tem um lado cognitivo que descobre os fatos e um lado normativo separado que faz julgamentos avaliativos sobre tais descobertas.

Enquanto a pesquisa quantitativo-realista se centra em uma realidade independente, a perspectiva interpretativo-idealista dirige sua atenção para o reino do sujeito que conhece. Segundo essa ótica, qualquer afirmação sobre o mundo baseia-se inevitavelmente nos interesses, valores e situações do indivíduo. Sobre a realidade existem diferentes pontos de vista que refletem ou são condicionados pelos diferenciados interesses e propósitos das pessoas (Putnam, 1981). Os valores e interesses do pesquisador moldam sua visão da realidade. Nesse sentido, a definição mais aceitável de *objetividade* envolve a ideia de acordo social. O que é objetivo é o resultado do acordo entre pessoas. O acordo sobre o que é objetivo é resultado da justificação e do diálogo. Com base nisso, as crenças e os valores das pessoas determinam o que se pode considerar como fatos que, por natureza, estão intimamente imbricados com valores — estes devem ser uma parte integrante de todo o processo da pesquisa. Finalmente, o estudo do ser humano é o estudo de atores morais, ou seja, de pessoas que agem na base de seus próprios valores e disposições — daí ser impossível adotar uma postura distante no processo de compreensão da ação humana. Em consequência, deve-se abandonar a ficção da neutralidade e assumir a consideração dos valores na pesquisa como um fator positivo e não negativo.

d) Objetivo da pesquisa

A pesquisa quantitativa busca explanar as *causas* das mudanças nos fatos sociais, principalmente por meio de medida objetiva e análise quantitativa. Seu objetivo básico é a predição, a testagem de hipóteses e a generalização. Nessa perspectiva, usa-se a forma de explanação chamada indutivo-estatística, que é de natureza probabilística. O desejo de predizer e encontrar regularidades articula-se ao interesse na aplicação prática.

Por outro lado, a pesquisa qualitativa rejeita a possibilidade de descoberta de leis sociais e está mais preocupada com a *compreensão (verstehen)* ou interpretação do fenômeno social, com base nas perspectivas dos atores por meio da participação em suas vidas (Taylor e Bogdan, 1984). Seu propósito fundamental é a compreensão, explanação e especificação do fenômeno. O pesquisador precisa tentar compreender o significado que os outros dão às suas próprias situações. Tarefa esta realizada segundo uma compreensão interpretativa da primeira ordem de interpretação das pessoas, expressa em sua linguagem, gestos etc. Trata-se de um processo de compreensão, em geral, com dois níveis. O primeiro é o da compreensão direta ou a apreensão imediata da ação humana sem qualquer inferência consciente sobre a atividade. No segundo nível, que é mais profundo, o pesquisador procura compreender a natureza da atividade em termos do significado que o indivíduo dá à sua ação.

A compreensão do significado das ações requer a adoção pelo pesquisador de uma abordagem hermenêutica. Obtém-se uma interpretação significativa mediante um processo de movimento constante entre as partes e o todo, em que não há ponto absoluto de partida nem de chegada. Assim, a compreensão de uma ação particular requer a compreensão do significado-contexto no qual ela se dá e esta compreensão depende daquela da ação particular. O que a hermenêutica demonstra é que a compreensão não pode ser buscada na ausência do contexto de uma interpretação ou de um referencial de interpretação.

e) Abordagem

O pesquisador quantitativo emprega tipicamente o *design* experimental ou correlacional para reduzir o erro, o viés e outros fatores que podem interferir na percepção clara dos fatos sociais (Cronbach, 1974). O estudo qualitativo protótipo é o etnográfico, que ajuda o leitor a compreender as definições da situação das pessoas que são pesquisadas (Goodenough, 1971).

f) Foco

Enquanto na pesquisa quantitativa, o foco da pesquisa são os traços individuais, as relações causais, o "porquê", na qualitativa, o foco é a experiência individual de situações, o senso comum, o processo diuturno de construção de significado, o "como".

g) Método

Na pesquisa quantitativa, utiliza-se o método dedutivo (da teoria para os dados), as definições predeterminadas e operacionalizadas, a postura nacionalista, a precisão por meio da medida e da manipulação estatística, a medida de variáveis, a análise de componentes e uma amostra grande com randomização. Por outro lado, na pesquisa qualitativa, opta-se pelo método indutivo (dos dados para a teoria), por definições que envolvem o processo e nele se concretizam, pela intuição e criatividade durante o processo da pesquisa, por conceitos que se explicitam via propriedades e relações, pela síntese holística e análise comparativa e por uma amostra pequena escolhida seletivamente.

h) Papel do pesquisador

O pesquisador quantitativo ideal *distancia-se* do fato pesquisado a fim de evitar vieses. O pesquisador qualitativo *imerge-se* no fenômeno de interesse (Firestone, 1987).

i) Principal critério de pesquisa

Enquanto para a abordagem quantitativa o principal critério de pesquisa é a fidedignidade, para o pesquisador qualitativo, a validade é o mais importante (Rockhill, 1982).

Diante dessas posturas filosóficas e metodológicas radicalmente diferentes, a conclusão lógica desta primeira tese é pela diversidade incomensurável entre esses dois paradigmas de pesquisa em Ciências Humanas e da Educação.

Tese da diversidade complementar

A tese da diversidade complementar dos diferentes paradigmas de pesquisa nas Ciências Sociais e da Educação é defendida ou legitimada por Cook e Campbell (1979), Goergen (1981), Campbell (1982), Soltis (1984), Shulman (1985), Keeves (1986, 1988a, 1988b), Firestone (1987), Cambi (1987), Husén (1988) e Gage (1989).

Dentro do clima epistemológico da era pós-positivista, muitos pesquisadores educacionais acreditam que as várias tradições de pesquisa são igualmente legítimas e não estão em conflito necessário. Segundo Husén (1988), as abordagens "científica" e "humanística" não são exclusivas, mas complementares entre si. De fato, Shulman chega a afirmar que "o perigo para o campo da Ciência Social ou da pesquisa educacional está em sua potencial corrupção pela visão paradigmática única" (1985, p. 4). Contra o domínio do paradigma quantitativo na pesquisa educacional, o paradigma qualitativo-interpretativo conseguiu convencer a um bom número de *scholars* (exemplo, Campbell, 1982; Cronbach, 1974) sobre os méritos da abordagem qualitativa.

Alguns pesquisadores têm sugerido que a complementaridade deve ser reconhecida tendo em vista os vários e distintos desideratos da pesquisa educacional cujos propósitos não podem ser alcançados por um único paradigma. Como afirma Gage, "os pesquisadores compreenderam que não há um antagonismo necessário entre os objetivistas, os interpretativistas e os teóricos críticos" (1989, p. 7). Os pesquisadores sociais entenderam que a tese da incompatibilidade simplesmente estava errada e que as diferenças paradigmáticas não requeriam necessariamente um conflito paradigmático. Perceberam que os programas de pesquisa, considerados como mutuamente antagônicos, na verdade, estavam apenas preocupados com problemas e tópicos diferentes mas importantes. Também perceberam que, usando a abordagem quantitativa e qualitativa na pesquisa de um mesmo problema, o resultado era um *insight*, uma compreensão e poder preditivo mais considerável. Viram igualmente que o método científico quantitativo, pela grande eficácia que já tivera nas ciências naturais, não podia ser esquecido na pesquisa dos problemas humanos (Gage, 1989).

Para outros que apoiam a diversidade complementar, a complexidade dos problemas educacionais constitui um suporte do pluralismo epistemológico. Keeves (1986) reconhece que algumas abordagens são mais holísticas e mais capazes que outras de abarcar problemas com maior complexidade.

Na pesquisa educacional, a manutenção da integridade epistemológica do paradigma qualitativo e o refinamento de seus métodos têm sido uma preocupação dos seus seguidores (Lincoln e Guba, 1985). Embora admitindo uma diversidade epistemológica fundamental entre os paradigmas, os adeptos desta tese não subscrevem a doutrina da incomensurabilidade dos paradigmas proposta por Kuhn (1962) e alguns deles minimizam as diferenças epistemológicas (Lincoln e Guba, 1985; Le Compte e Goetz, 1982; Miles e Huberman, 1984).

No caso da distinção entre explanação e compreensão, Keeves (1988), ao defender a complementaridade entre os diversos paradigmas, adotou a revisão da distinção feita por Giddens (1984), que identificou importantes avanços em quatro áreas da teoria social, sendo estas: a natureza do agente humano, a natureza da linguagem, a natureza da ação social e a natureza da dupla hermenêutica.

Em síntese, a tendência dos defensores da tese da diversidade complementar é "desepistemologizar" o debate ou ignorar as diferenças paradigmáticas (Smith e Heshusius, 1986, p. 7). A propósito, o filósofo da ciência Feyerabend (1974, p. 14), em seu ensaio *How to be a good empiricist: a plea for tolerance in matters epistemological*, escreve:

> Você só pode ser um bom empiricista se estiver preparado para trabalhar com muitas teorias alternativas em vez de apenas com um único ponto de vista e "experiência". Esta pluralidade de teorias não deve ser olhada como um estágio preliminar que, em algum momento no futuro, irá ser substituído pela única Teoria Verdadeira.

Tese da unidade

A tese da unidade dos paradigmas é defendida a partir dos filósofos pós-positivistas e dos teóricos críticos. A partir da filosofia pós-positivista de ciência, também chamada por Walker e Evers de "naturalismo materialista pragmatista" (p. 35), a tese pós-positivista de unidade dos paradigmas é sustentada por Howe (1985, 1988) e Walker e Evers (1988), entre outros.

Contrários à tese da existência de paradigmas, Walker e Evers (1988) defendem uma epistemologia da coerência, ou uma versão particular do "coerentismo", o "holismo epistemológico", que adquiriu proeminência particular na filosofia pós-positivista (Quine, 1975) e que, mais recentemente, foi aplicado à filosofia educacional por Walker e Evers (1982), como também à administração educacional, por Evers e Lakomski (1991). Segundo esta tese, não há um modo logicamente consistente de dividir o domínio do conhecimento em formas de conhecimento radicalmente distintas (Evers e Walker, 1983).

Kenneth Howe (1988) afirma que a pesquisa educacional permaneceu à margem do debate epistemológico mais recente e, por isso, não tirou proveito das críticas que os pós-positivistas fizeram à epistemologia positivista-realista. Entre os filósofos, foram especialmente relevantes as contribuições de Quine (1975), seguidas pelas de Thomas Kuhn (1962), Stephen Toulmin (1972), Michael Scriven (1969) e Paul Feyerabend (1978). Em função da ignorância dessa contribuição, os pesquisadores educacionais da perspectiva quantitativista continuaram mantendo dois dogmas fundamentais do Positivismo: a distinção entre quantidade e qualidade e a distinção entre fatos e valores.

A distinção positivista entre fato e valor é insustentável, tanto pela inadequação da epistemologia positivista como pela sua ineficácia para evitar o viés do valor na pesquisa. Na visão de Kuhn (1962), o conhecimento está baseado em observações e crenças carregadas de teoria. "A consequência de construir o conhecimento como presuntivo é que não há qualquer tipo de justificação 'última' para as crenças" (Howe, 1988, p. 11).

A distinção positivista entre fato e valor está baseada na distinção mais geral entre observação e teoria. Ora, o conhecimento a-teórico ou fruto meramente da observação não pode ser isolado e usado como base da teoria. Na verdade, a teoria precede todo conhecimento ou aprendizagem. O que podemos saber é dependente de nossa capacidade inata para aprender. Nosso conhecimento é feito de nossas teorias. Nossas pressuposições não podem ser testáveis nem pela observação direta nem pela lógica formal. Donde, a distinção entre observação e teoria e, consequentemente, entre fato e valor é insustentável e sem base. Nessa linha de ideias, Scriven (1969, p. 201) conclui que, "[...] não há possibilidade de que as Ciências Sociais possam ser livres da alegação de valores em geral ou da alegação de valor moral em particular...".

A visão pós-positivista (Scriven, 1969) entende que não existe conhecimento factual independente de teoria e que a distinção entre fato e valor é insustentável. Os julgamentos de valor não podem ser excluídos da condução da pesquisa. O pesquisador não pode evitar compromissos de valor. Mais ainda, os próprios conceitos usados pelos cientistas sociais são avaliativos do comportamento humano.

Como a distinção entre fato e valor é insustentável e como os conceitos das Ciências Sociais são inerentemente avaliativos, é impossível na pesquisa social distinguir claramente as alegações factuais das valorativas. No nível da prática, a tentativa de ignorar essa não distinção em nome da verdade e da ciência para proteger o pluralismo e evitar o viés só resulta num viés mais insidioso.

Se os julgamentos de valor são não cognitivos e enviesados ou "para serem aceitos mas não justificados" (Campbell,

1982, p. 123), então a pesquisa social será também falha. Isso só pode ser evitado ao se aceitar que os julgamentos de valor são elementos inerentes à pesquisa social.

O dogma da distinção entre quantidade e qualidade também deve ser rejeitado, sendo criticado pelos pós-positivistas tanto no nível dos dados como no nível da inferência. No primeiro, os dados qualitativos, não sendo *a priori* altamente falíveis, consistem no fundamento geral da medida quantitativa. Assim, os dados quantitativos "pressupõem" os qualitativos. À primeira vista, os dados quantitativos parecem ser uniformemente superiores e apresentar baixa falibilidade; em algumas situações podem apresentar menor falibilidade que os dados qualitativos. É possível também que os dados quantitativos superem os qualitativos, permitindo discriminações mais refinadas e sumários econômicos de dados que facilitem a análise, sendo em certos casos mais eficientes.

De outra forma, no nível da inferência, qualquer esquema conceitual, teoria ou hipótese pressupõem crenças qualitativas substantivas que exerçam um papel essencial na fase das inferências ou conclusões científicas. A evidência quantitativa, mesmo nas Ciências naturais, não pode ser interpretada independentemente das considerações qualitativas extraobservação e extrateoria. Em síntese, os métodos quantitativo e qualitativo não são incompatíveis; pelo contrário, estão intimamente imbricados e, portanto, podem ser usados pelos pesquisadores sem caírem em contradição epistemológica.

Com base na pesquisa dialético-crítica, os integrantes da Escola de Frankfurt fizeram notável esforço para buscar uma conciliação entre os paradigmas quantitativo e qualitativo. Esses teóricos não negam a possibilidade da explicação e quantificação dos fenômenos sociais. Segundo essa perspectiva, "a totalidade conceitual compõe-se do idêntico e do distinto e ambos entram na dialética em sua união e contradição..." (Cerda Gutiérrez, 1993, p. 57). No entanto, a totalidade conceitual se encontra limitada e negada pela totalidade real.

Em suma, pode-se concluir que parece fictícia, e mesmo simplista e artificial, a contradição entre "pesquisa quantitativa e pesquisa qualitativa". Na prática da pesquisa, é possível superar as aparentes contradições epistemológicas, metodológicas e operacionais entre os paradigmas quantitativos e qualitativos, valendo-se dos princípios de complexidade, consistência, unidade dos contrários e triangulação (Cerda Gutiérrez, 1993). Portanto, torna-se necessário não só rechaçar os falsos antagonismos e oposições entre os dois paradigmas, mas especialmente buscar sua articulação e complementação a fim de superar as limitações dos métodos quantitativos e qualitativos. A propósito, escrevem Cook e Reichard: "Os vazios de um paradigma são as virtudes do outro, um vínculo tão vital e necessário como o é a luz em relação à escuridão" (1979, p. 26). Donde, a competição entre teorias e não entre paradigmas se dará somente quando elas estiverem tratando de um mesmo problema. Nesse caso, o teste da eficácia prática da teoria identificará qual delas é mais adequada para solucionar os problemas práticos da vida humana.

A demonstração da tese da unidade, entre as abordagens quantitativa e qualitativa de pesquisa, pela perspectiva do materialismo histórico-dialético, será apresentada de modo mais aprofundado por Gamboa, no próximo capítulo.

Conclusão

A relativa imaturidade teórica e metodológica das Ciências Humanas e da Educação, em confronto com a plena maturidade das ciências físicas e biológicas, explica o estado de certa desorientação e de crise em que aquelas se encontram, refletindo o estágio "adolescente" de seu desenvolvimento. Como na vida de qualquer adolescente, várias possibilidades futuras estão abertas e ainda parece cedo e prematuro fechar caminhos de maturação. Diversas questões ainda requerem respostas mais convincentes e muitas alternativas precisam demonstrar sua validade teórica na prática. Por meio da testagem e validação de suas teorias e metodologias, as Ciências Humanas e da Educação avançarão em seu processo de desenvolvimento para a plena maturidade teórico-metodológica.

No presente estágio da discussão do dilema abordagem quantitativa *versus* abordagem qualitativa, em pesquisa nas Ciências Humanas e da Educação, entendemos que é epistemologicamente mais defensável a tese da unidade dos paradigmas. No entanto, como disse Fustel de Coulanges, "são necessários cem anos de análise para um dia de síntese". As Ciências Humanas e da Educação, pelo seu estágio de desenvolvimento, encontram-se ainda nessa longa fase analítica. Atualmente, os grandes sistemas filosóficos e teóricos estão em crise e em baixa, representando sínteses prematuras dos conhecimentos humanos. Os fenômenos físicos e humanos estão se mostrando mais complexos do que se imaginava. Do princípio da simplicidade e economia, está-se caminhando para a adoção dos princípios de complexidade, consistência, unidade dos contrários e triangulação na elaboração e comprovação das teorias. Em vista disso e em nome da "racionalidade débil" (Cambi, 1987), é pragmaticamente defensável que no presente estágio de desenvolvimento do conhecimento humano, e de modo especial na área das Ciências Humanas e da Educação, se admita e se adote a articulação e complementaridade dos paradigmas a fim de fazer avançar o conhecimento humano. Os diferentes níveis, tipos e abordagens de problemas educacionais, e os diversos objetos de pesquisa requerem métodos que se adequem à natureza do problema pesquisado. Em última instância, porém, essas abordagens e metodologias precisam contribuir para a explicação e compreensão mais aprofundada dos fenômenos humanos que, pela sua grande complexidade, necessitam ser pesquisados sob os mais diferentes ângulos e segundo as mais variadas metodologias. A tolerância e o pluralismo epistemológico justificam a não admissão de uma única *ratio* e a aceitação do pluralismo teórico-metodológico nas Ciências Humanas e da Educação.

Finalmente, cabe observar que a controvérsia continua e, por isso, o contato com os clássicos das Ciências Sociais, especialmente Durkheim, Weber e Marx, sempre será fecundo no aprofundamento e na discussão das raízes filosófico-históricas e teórico-metodológicas do problema do objeto e da metodologia das Ciências Humanas e da Educação. Por outro lado, os teóricos das Ciências Humanas e da Educação precisam familiarizar-se com as correntes atuais de Filosofia das Ciências, pois estas constituem uma base importante para clarificar e fundamentar as diferentes teses sobre o problema da incompatibilidade, complementaridade ou unidade dos paradigmas de pesquisa nessas ciências.

Referências bibliográficas

ADORNO, T. W. Introdução à controvérsia sobre o positivismo na sociologia alemã. In: _____; BENJAMIM, W.; HORKHEIMER, M.; HABERMAS, J. *Textos escolhidos.* São Paulo: Abril, 1975. (Col. Os Pensadores.)

ARON, R. The logic of the social sciences. In: WRONG, D. (Ed.). *Max Weber.* Englewood Cliffs, N. J.: Prentice-Hall, 1970.

BENTON, T. *The philosophical foundations of the three sociologies.* London: Routledge & Kegan Paul, 1977.

BERGNER, J. *The origin of formalism in social science.* Chicago: University of Chicago Press, 1981.

BERNSTEIN, R. J. *The restructuring of social and political theory.* New York: Harcourt, Brace and Jovanovich, 1976.

BLACKLEDGE, D.; HUNT, B. *Sociological interpretations of education.* London: Croom Helm, 1985.

BURRELL, G.; MORGAN, G. *Sociological paradigma and organisational analysis.* London: Heinemann, 1979.

CAMBI, F. Razionalità "debole" e sapere pedagogico: i corollari epistemologici. *Rassegna di Pedagogia*, v. 45, n. 2-3, p. 85-120, 1987.

CAMPBELL, D. Quantitative knowing in action research. Paper presented at The Meeting of the American Psychological Association. Los Angeles, Califórnia, 1974.

_____. Experiments as arguments. In: HOUSE, E. (Ed.). *Evaluation studies in review annual.* Beverly Hills, CA, Sage, 1982.

CARR, W.; KEMMIS, S. *Teoría crítica de la enseñanza.* Barcelona: Martínez Roca, 1988.

CERDA GUTIÉRREZ, H. Superar las contradicciones entre los paradigmas cuantitativos y cualitativos en la investigación científica? *Opciones Pedagógicas*, n. 9, p. 54-62, 1993.

COHEN, M.; NAGEL, E. *An introduction to logic and the scientific method*. New York: Harcourt Brace Jovanovich, 1934.

COOK, T. D.; CAMPBELL, D. T. *Quasi-experimentation*: design and analysis issues for field setting. Chicago: Rand, McNally, 1979.

COOK, T. D.; REICHARDT, C. S. (Eds.). *Qualitative and quantitative methods in evaluation research*. Newbury Park, CA: Sage, 1979.

CRONBACH, L. R. Beyond the two disciplines of scientific psychology. Paper presented at The Meeting of the American Psychological Association. Los Angeles, Califórnia, 1974. (Publicado em *American Psychologist*, v. 30, p. 116-127, 1975.)

DEBLOIS, C. *L'Administration scolaire et le défi paradigmatique*. Sainte-Foi (Québec): University Laval, 1988.

DE LANDSHEERE, G. History of educational research. In: KEEVES, J. P. (Ed.). *Educational research, methodology, and measurement*: an international handbook. Oxford: Pergamon Press, 1988.

DURKHEIM, E. *As regras do método sociológico*. São Paulo: Nacional, 1982a.

_____. *O suicídio*. Rio de Janeiro: Zahar, 1982b.

EVERS, C. W.; LAKOMSKI, G. *Knowing educational administration*. Oxford: Pergamon Press, 1991.

_____; WALKER, J. C. Knowledge, partitioned sets, and extensionality. *Journal of Philosophy of Education*, v. 17, n. 2, p. 155-70, 1983.

FEYERABEND, P. How to be a good empiricist: a plea for tolerance in matters epistemological. In: NIDDITCH, P. H. (Ed.). *The philosophy of science*. Oxford: Oxford University Press, 1974.

_____. *Against method*. London: Verso, 1978.

FIRESTONE, W. A. Meaning in method: the rethoric of quantitative and qualitative research. *Educational Researcher*, v. 16, n. 7, p. 16-21, 1987.

FOSTER, W. *Paradigms and promises*: new approaches to educational administration. Buffalo: Pometheus Books, 1986.

FREITAG, B. *A teoria crítica ontem e hoje*. São Paulo: Brasiliense, 1988.

GAGE, N. L. The paradigm wars and their aftermath: a historical sketch of research on teaching since 1989. *Educational Researcher*, v. 18, n. 7, p. 4-10, 1989.

GIDDENS, A. *The constitution of society*. Oxford: Polity Press/ Cambridge and Blackwell, 1984.

GIROUX, H.; PENNA, A. N.; PINAR, W. F. *Curriculum and instruction*. Berkeley, CA: McCutchan, 1981.

GOERGEN, P. L. Pesquisa em educação: sua função crítica. *Educação & Sociedade*, v. 3, n. 9, p. 65-96, 1981.

GOODENOUGH, W. *Culture, language and society*. Reading: Addison Wesley, 1971.

HABERMAS, J. *Knowledge und human interests*. Boston: Beacon Press, 1971.

HODGES, H. A. *Wilhelm Dilthey*. New York: Oxford University Press, 1944.

HORKHEIMER, M. Teoria tradicional e teoria crítica. In: BENJAMIM, W.; HORKHEIMER, M.; ADORNO, T. W.; HABERMAS, J. *Textos escolhidos*. São Paulo: Abril, 1975. (Col. Os Pensadores.)

_____. *Dialética do esclarecimento*. Rio de Janeiro: Zahar, 1985.

HOSHMAND, L. L. S. T. Alternate research paradigms: a review and teaching proposal. *The Counseling Psychologist*, v. 17, n. 1, p. 3-79, 1989.

HOWE, K. P. Two dogmas of educational research. *Educational Researcher*, v. 14, n. 8, p. 10-18, 1985.

HOWE, K. P. Against the quantitative-qualitative incompatibility thesis, or dogmas die hard. *Educational Researcher*, v. 17, n. 8, p. 10-16, 1988.

HUGHES, H. *Consciousness und society.* New York: Knopf, 1958.

HUSÉN, T. Research paradigms in education. In: KEEVES, J. P. (Ed.). *Educational research, methodology, and measurement*: an international handbook. Oxford: Pergamon Press, 1988. (Versão modificada publicada em: *Interchange*, v. 19, n. 1, p. 2-13, 1988.)

KEEVES, J. P. Theory, politics and experiment in educational research methodology: a response. *International Review of Education*, v. 32, n. 4, p. 388-92, 1986.

_____. Social theory and educational research. In: KEEVES, J. P. (Ed.) *Educational research, methodology and measurement*: an international handbook. Oxford: Pergamon Press, 1988a.

_____. The unity of educational research. *Interchange*, v. 19, n. 1, p. 14-30, 1988b.

KERLINGER, F. *Foundations of behavioral research*. New York: Holt, Rinehart and Winston, 1973.

KUHN, T. *The structure of scientific revolutions.* Chicago: University of Chicago Press, 1962.

LE COMPTE, M.; GOETZ, I. Problems of reliability and validity in ethnographic research. *Review of Educational Research*, n. 52, p. 31-60, 1982.

LINCOLN, Y. S.; GUBA, E. G. *Naturalistic inquiry.* Beverly Hill: Sage, 1985.

MACDONALD, J. B. Curriculum and human interests. In: PINAR, W. (Ed.). *Curriculum theorizing*: the reconceptualists. Berkeley, CA: McCutchan, 1975.

MILES, M.; HUBERMAN, A. Drawing valid meaning from qualitative data: toward a shared craft. *Educational Researcher*, v. 13, n. 5, p. 20-30, 1984.

MILL, J. S. *On the logic of the moral sciences.* Indianapolis: Bobbs-Merril, 1965.

POPKEWITZ, T. S. Paradigms in educational science: different meanings and purpose to theory. *Journal of Education*, v. 162, n. 1, p. 28-46, 1980.

_____. *Paradigm and ideology in educational research.* London: Falmer Press, 1984.

PUTNAM, H. *Reason, truth and history.* Cambridge: Cambridge University Press, 1981.

QUINE, W. V. The nature of natural knowledge. In: GUTTENPLAN, S. (Ed.). *Mind and language.* Oxford: Oxford University Press, 1975.

RESCHER, N. *Conceptual idealism.* Oxford: Basil Blackwell, 1973.

RICKERT, H. *Science and history*: a critique of positivist epistemology. New York: D. Van Nostrand, 1962.

ROCKHILL, K. Researching participation in adult Education: the potential of the qualitative perspective. *Adult Education*, v. 33, n. 1, p. 3-19, 1982.

SCRIVEN, M. Logical positivism and the behavioral sciences. In: ACHENSTEIN, P.; BARBER, S. (Eds.). *The legacy of logical positivism.* Baltimore: The Johns Hopkins Press, 1969.

SHULMAN, L. Paradigms and research programs in the study of teaching: a contemporary perspective. In: WITTROCK, M. C. (Ed.). *Handbook of research on teaching.* 3. ed. New York: Macmillan, 1985.

SMITH, J. K. Quantitative versus qualitative research: an attempt to clarify the issue. *Educational Researcher*, v. 12, n. 3, p. 6-13, 1983a.

SMITH, J. K. Quantitative versus interpretive: the problem of conducting social inquiry. In: HOUSE, E. R. (Ed.). *Philosophy of evaluation*. San Francisco: Jossey-Bass, 1983b. (New Directions for Program Evaluation, n. 19.)

SMITH, J. K.; HESHUSIUS, L. Closing down the conversation: the end of the quantitative-qualitative debate among educational inquirers. *Educational Researcher*, v. 15, n. 1, p. 4-12, 1986.

SOLTIS, J. F. On the nature of educational research. *Educational Researcher*, v. 13, n. 10, p. 5-10, 1984.

TAYLOR, S. J.; BOGDAN, R. *Qualitative research methods*: the search. for meanings. New York: John Wiley, 1984.

TOULMIN, S. *Human understanding*. Princeton: Princeton University Press, 1972.

VON WRIGHT, G. W. *Explanation and understanding*. London: Rotledge and Kegan Paul, 1971.

WALKER, J. C.; EVERS, C. W. Epistemology and justifying the curriculum of educational studies. *British Journal of Educational Studies*, v. 30, n. 2, p. 312-29, 1982.

_____. The epistemological unity of educational research. In: KEEVES, J. P. (Ed.) *Educacional research, methodology and measurement*: an internalional handbook. Oxford: Pergamon Press, 1988.

WEBER, M. *Metodologia das ciências sociais*. São Paulo/Campinas: Cortez/Ed. Unicamp, 1992-93. 2 v.

WRONG, D. (Ed.) *Max Weber*. Englewood Cliffs, NJ: Prentice Hall, 1970.

ZEICHNER, K. M. Alternative paradigms of teacher education. *Journal of Teacher Education*, v. 34, n. 3, p. 3-9, 1983.

2

Tendências epistemológicas:* dos tecnicismos e outros "ismos" aos paradigmas científicos**

Silvio Sánchez Gamboa

Introdução

Com a criação e consolidação dos cursos de pós-graduação em educação na América Latina, a investigação

---

* Uma primeira versão deste artigo foi publicada na revista *Reflexão* (Campinas, n. 37, p. 84-97, 1987), sob o título: "Questões epistemológicas da pesquisa educacional: dos vieses e ismos aos paradigmas científicos". Dada a atualidade da problemática tratada e sua relação com a controvérsia das técnicas quantitativas e qualitativas, elaboramos uma versão atualizada. A discussão sobre as alternativas técnicas envolve questões epistemológicas. Colocar a controvérsia no nível das tendências epistemológicas é uma forma de superar o falso dualismo quantidade-qualidade e o debate em torno dos "ismos", incluindo os tecnicismos e reducionismos, predominante na década de 1980.

** Um resumo desse estudo foi publicado sob a referência SÁNCHEZ GAMBOA, Silvio. Alternativas metodológicas en el ejercicio de la investigación educativa. *Educação & Sociedade*, São Paulo, n. 19, p. 91-111, 1984.

educativa adquiriu uma nova fase de desenvolvimento, caracterizada pelo crescimento quantitativo, pela presença de modismos teórico-metodológicos, e pela preocupação com os elementos qualitativos da produção científica. Como consequência da preocupação pela qualidade, surgem com maior intensidade indagações sobre as técnicas e os métodos utilizados na investigação educativa. Soma-se a isso o aumento progressivo da "massa crítica" nas instituições de pesquisa, a busca de novas alternativas para o conhecimento de uma realidade tão dinâmica e polifacética como a problemática educativa. Com o desenvolvimento de diversas propostas técnico-metodológicas e as exigências por uma melhor qualidade da pesquisa, intensifica-se a polêmica em torno dos paradigmas da pesquisa e ganha-se maior espaço na literatura especializada.

A necessidade dessa discussão sobre os métodos já foi sugerida por Gouveia ao escrever sobre a urgência de "assinalar as tendências metodológicas por que se norteiam na área considerada — a pesquisa educacional no Brasil, bem como indicar marcos teóricos que implícita ou explicitamente as inspiram" (1974, p. 499). Posteriormente Gatti, atualizando a discussão sobre os destinos dos cursos de pós-graduação, detecta que "também é atual e amplo o debate sobre as condições e critérios que determinam as opções paradigmáticas, temáticas e metodológicas da investigação educacional" (1983, p. 5). Feldens também levanta a discussão sobre os métodos, no sentido de alertar sobre a redução a simples extremismos (como investigação quantitativa *versus* investigação qualitativa ou investigação positivista *versus* crítica) as complexas variações da pesquisa e reconhece, na investigação educativa, o caráter multiparadigmático que a especifica e que nos últimos anos tem motivado discussões em congressos, seminários, encontros etc., para "analisar as orientações convergentes e divergentes inerentes nas variações das abordagens metodológicas" (1983, p. 1521).

Mello, também em 1983, denuncia a pobreza teórica e a inconsequência metodológica que mediatizam o modismo e a facilidade de cooptação, caracterizadores dos temas e os enfoques da nossa investigação educativa. Como reação à inconsequência metodológica, que se refere aos "pressupostos teóricos, metodológicos, filosóficos e epistemológicos que ficam subentendidos e dos quais, 'às vezes', nem o mesmo pesquisador tem consciência" (1983, p. 69), Mello propõe para superá-la um interrogatório sério a respeito de quais concepções da educação inspiram nossa prática de pesquisa, o que implica também entender os modelos metodológicos dominantes nas Ciências Humanas.

Em 1985, na reunião anual da Associação Nacional de Pós-Graduação e Pesquisa em Educação (Anped), constatou-se a falta de uma análise profunda dos pressupostos teóricos e metodológicos da pesquisa, e a urgência de elucidar o enfrentamento entre os "métodos tradicionais" e as posturas novas, como a pesquisa qualitativa; alertou-se contra o perigo dos modismos e invitou-se a retomar a discussão sobre a pluralidade dos paradigmas da pesquisa educativa.

No contexto dos cursos de pós-graduação em Educação, a discussão sobre as tendências da pesquisa, num primeiro momento (no final da década de 1970), foi referida às orientações desviadas que permeiam a produção desses cursos. Cunha (1979) aponta dez parâmetros enviesados ou "(des)caminhos)": o legalismo, o idealismo, o estrangeirismo, o economicismo, o sociometrismo, o psicologismo, o tecnicismo, o sistemismo e o computacionismo. Em um segundo momento (primeira metade da década de 1980), vem o alerta sobre os radicalismos e modismos acima apontados.

Apesar do diagnóstico sobre os "ismos" e "vieses" pressupor um paradigma o modelo ideal não enviesado (seja esse quantitativo, qualitativo, positivista, estruturalista, fenomenológico, dialético etc.), considerando os outros como desvios ou "ismos", esse esforço foi um marco de referência na denúncia dos reducionismos e modismos que invadem a pesquisa educacional. De igual maneira, a polarização sobre os modelos de pesquisa no conflito das tendências extremas, tais como pesquisa qualitativa *versus* pesquisa quantitativa, é indicadora de falsos problemas técnicos que podem conduzir a falsas soluções, como, por exemplo, a conciliação eclética entre tendências conflitantes, tomando o que tem de melhor em cada modelo ou a escolha simples de um modelo e o desprezo dos outros, por serem considerados ideológicos, reducionistas ou pseudocientíficos.

Baseado no diagnóstico sobre os desvios e o conflito técnico quantidade-qualidade, a discussão avança quando aponta para as questões epistemológicas. Uma maneira de avançar consiste em procurar os paradigmas epistemológicos implícitos nas várias modalidades de pesquisa. Essa nova forma que a discussão toma, em vez de abandonar as questões anteriores, recoloca os "desvios" e "ismos" (modismos e concepções de caráter ideológico) e o conflito entre opções técnicas, já não como problemáticas centrais, mas como desdobramentos das várias visões de mundo e dos diversos pressupostos implícitos na produção da pesquisa. Em outras palavras, a abordagem epistemológica permite analisar em forma articulada os aspectos instrumentais relacionados com os níveis teóricos e epistemológicos e com os pressupostos gnosiológicos e ontológicos que fazem referência à visão de realidade implícita em cada pesquisa. Particularmente, a recuperação dos pressupostos ontológicos ajuda a esclarecer os pressupostos ideológicos fundados nos diversos interesses que comandam os vários tipos de conhecimento (cf. Habermas, 1983). Com o objetivo de contribuir para discussão, anteriormente sugerida, apresentaremos em seguida alguns elementos que permitem reconstituir as articulações entre as técnicas, os métodos e os paradigmas epistemológicos.

1. Técnicas, métodos e epistemologias

As técnicas da pesquisa científica, sejam quantitativas ou qualitativas, não podem ser entendidas em si mesmas; sua compreensão está no método. Técnicas e métodos não estão separados. É o processo da pesquisa que qualifica as técnicas e os instrumentos necessários para elaboração do conhecimento. As opções técnicas dependem dos caminhos a serem percorridos e dos procedimentos a serem desenvolvidos. Por isso, a necessidade de remeter a questão das técnicas da pesquisa ao problema dos métodos.

Por sua vez, o problema do método tem sido uma questão tradicionalmente abordada pela Filosofia, como um capítulo da Lógica denominado metodologia. Na tradição filosófica, a Lógica tem tratado das formas gerais do pensamento, e a metodologia das formas particulares. O método seria definido como um "caminho em direção do conhecimento" ou como "uma forma de procedimento segundo o qual se realizam processos de pensamento e de ação" (Ferrater, 1975, p. 905). "A pesquisa sobre o método leva implícitas indicações de caráter gnosiológico, metafísico e também de concepção de mundo". Diferentes concepções de realidade determinam distintos métodos; é por essa razão que uma discussão sobre os métodos exige um estudo sobre suas implicações e pressupostos. A Filosofia nas suas diferentes etapas históricas tem pretendido "tomar consciência do método"; por exemplo, no *Organón*, de Aristóteles, na lógica medieval e, de forma mais explícita, em Descartes, que colocou em primeiro plano a reflexão sobre o método. Hoje, a reflexão filosófica, por intermédio da epistemologia, vem dando importante contribuição ao estudo sobre os métodos científicos e, sem dúvida, essa contribuição é ainda mais necessária na atual fase de aprimoramento da pesquisa educacional em face dos riscos de tecnicismos. A compreensão das epistemologias que a permeiam poderá esclarecer as relações entre técnicas, métodos, paradigmas científicos, pressupostos gnosiológicos e ontológicos, todos eles presentes, mais ou menos explícitos, em toda pesquisa científica.

A problemática, já tradicional, nas Ciências Humanas e Sociais das relações entre método e teoria, método e objeto, sujeito, método e objeto etc., também se apresenta na pesquisa em Educação. Essa problemática surge, devido, particularmente, aos desdobramentos da mistificação de certos métodos que, desenvolvidos com sucesso nas Ciências Naturais e Exatas, foram transferidos para as Ciências

Sociais. Esses métodos, quando deslocados de seus contextos teóricos e transportados para tratar de objetos da área das Ciências Humanas, criaram essa série de questionamentos que hoje exigem uma reflexão prudente e aprofundada. Se pretendermos o aprimoramento da pesquisa, é preciso encarar a reflexão sobre os métodos e suas relações com as técnicas, no contexto das epistemologias que os fundam.

As relações entre os métodos e as técnicas não têm sido muito claras, e frequentemente vêm sendo confundidas. As técnicas, de forma geral, são classificadas em históricas, descritivas, experimentais, de correlação etc., e são amplamente difundidas nos manuais de pesquisa (Best, Goode, Kerlinger, Travers, Dalen, Vera etc.). E os métodos, desde o ponto de vista epistemológico, devem ser entendidos como modos diversos de abordar a realidade e se referem ao "modo pelo qual o cientista se aproxima, em termos teóricos, do objeto, no sentido preciso de instrumental conceitual do qual se serve para realizar sua atividade científica [...] é a maneira como construímos nosso quadro de referência na pesquisa" (Demo, 1981, p. 56). Nesse sentido os métodos são mais abrangentes que as técnicas. As técnicas têm sentido dentro dos processos de pesquisa e nas abordagens metodológicas. Por sua vez, os métodos não têm sentido, a não ser inseridos dentro de modelos ou paradigmas científicos.

A preocupação dos pesquisadores com essas articulações tem gerado várias tipificações que identificam esses modos de articulação na forma de modelos ou paradigmas. Vejamos alguns exemplos: Torres (1979) constata quatro paradigmas ou lógicas do saber: empirismo, formalismo, voluntarismo e dialética objetiva; Burns (1981) distingue três modos de abordar o conhecimento: o lógico-positivista, o hermenêutico e o crítico; Goergen (1981) indica três tipos de métodos na pesquisa educacional: o fenomenológico--hermenêutico, o empírico e o crítico; e Demo (1981) distingue seis tipos específicos de abordagens metodológicas: empirismo, positivismo, funcionalismo, sistemismo, estruturalismo e dialética.

Nos estudos que realizamos sobre a produção dos cursos de pós-graduação em Educação na Universidade de Brasília (1982), recorremos a esta última tipificação com as especificações e limitações expostas mais adiante. E na análise da produção discente dos cursos do Estado de São Paulo (1987) utilizamos a classificação proposta por Goergen, ajustando seus significados às especificidades encontradas nas 502 teses e dissertações analisadas.

2. A análise paradigmática: uma proposta, algumas experiências

Na realização da análise da produção científica em Educação, com base nas abordagens metodológicas, deixamos em um segundo plano a discussão sobre os "ismos", os "desvios" e o radicalismo técnico quantidade-qualidade; colocamos em primeiro lugar a questão das tendências epistemológicas que também está presente, mas de maneira indireta, no debate anterior sobre os "ismos" (incluindo neles o tecnicismo). Hoje, devido ao desenvolvimento das novas alternativas da pesquisa, que as torna passíveis de ser melhor diferenciadas, esse debate em torno dos modelos científicos adquire outro patamar; assim, a discussão sobre as tendências fica mais clara e se desloca para o campo da epistemologia.

A epistemologia como estudo crítico dos princípios, das hipóteses e dos resultados das diversas ciências, destinado a determinar sua origem lógica (no psicológico), seu valor e seu alcance (Lalande, 1967, p. 298), atinge prioritariamente a pesquisa científica, alimentando com constantes interrogações o desenvolvimento das ciências. Nesse sentido, são importantes os subsídios que a reflexão crítica sobre a produção científica oferece à pesquisa educacional já que, além de possibilitar a crítica sobre os reducionismos e demais "ismos", conduz a "novas conceituações teóricas, a revisões epistemológicas, à destruição de mitos e supostos e à elaboração de novas metodologias" (Latapi, 1981, p. 336).

A análise epistemológica situa-se como análise conceitual de segunda ordem que questiona os fundamentos das ciências, os processos de produção do conhecimento e os parâmetros de confiabilidade e veracidade (contexto da justificativa) da pesquisa científica (as questões de primeira ordem ou factuais são próprias de cada ciência específica). Na análise de segunda ordem procuramos revisar ou reintegrar nossa compreensão do que está envolvido na pesquisa factual ou de primeira ordem (Ryan, 1977).

Os estudos epistemológicos buscam na Filosofia seus princípios e na Ciência seu objeto e têm como função não só abordar os problemas gerais das relações entre a Filosofia e a Ciência, senão também servem como ponto de encontro entre elas. Esse encontro só é possível na prática concreta. Portanto, quando falamos de epistemologia da pesquisa educacional, fazemo-lo com base nas práticas concretas de pesquisa na área da Educação, procurando instrumentos analíticos na Filosofia. Esses instrumentos analíticos não existem previamente formalizados; daí a dificuldade e o risco de lançar mão de um esquema conceitual que denominamos "esquema paradigmático" e que apresentamos como uma proposta instrumental para o estudo das articulações entre os elementos constitutivos da pesquisa (técnicas, métodos, teorias, modelos científicos e pressupostos filosóficos).

Esse esquema supõe a concepção de "paradigma", entendido, nesse caso, como uma lógica reconstituída, ou maneira de ver, decifrar e analisar a realidade. O objeto básico da análise paradigmática está nos processos de produção de conhecimentos que têm sua forma mais aprimorada na pesquisa científica. Em todo processo de produção de conhecimentos, manifesta-se uma estrutura de pensamento que inclui conteúdos filosóficos, lógicos, epistemológicos e técnicos.

Essas noções de estruturação e de lógica reconstituída supõem basicamente as ideias de totalidade concreta, entendida como o quadro geral que organiza os dados e lhes dá sentido. Totalidade que, segundo Kosik, já está implícita na mesma noção de realidade. O conhecimento dessa realidade consiste em "um processo de concretização que procede das partes para o todo e do todo para as partes, dos fenômenos para a essência e da essência para os fenômenos, da totalidade para as contradições e das contradições para a totalidade" (1976, p. 41). Nesse processo em que todos os fatos e conceitos entram em um movimento recíproco e se elucidam mutuamente, e a totalidade alcança sua "concreticidade", encontra-se implícita uma diversidade de elementos articulados que é possível elucidar mediante o "esquema paradigmático".

Esses elementos podem ser organizados em diferentes níveis e grupos de pressupostos. Os níveis de articulação podem ser:

a) *técnico-instrumentais*, que se referem aos processos de coleta, registro, organização, sistematização e tratamento de dados e informações;

b) *metodológicos*, referentes aos passos, procedimentos e maneiras de abordar e tratar o objeto investigado;

c) *teóricos*, entre os quais citamos: os fenômenos educativos e sociais privilegiados, os núcleos conceituais básicos, as pretensões críticas a outras teorias, as mudanças propostas, os autores e clássicos cultivados etc.

d) *epistemológicos*, que se referem aos critérios de "cientificidade", como concepções da ciência, dos requisitos da prova ou de validez, da causalidade etc.

Com base nesses níveis de articulação, podemos procurar os seguintes pressupostos:

a) *gnosiológicos*, que correspondem às maneiras de tratar o real, o abstrato e o concreto no processo da pesquisa científica; o que implica diversos modos de abstrair, conceitualizar, classificar e formalizar; isto é, várias formas de relacionar o sujeito e o objeto da pesquisa que se refiram aos critérios sobre a "construção do objeto" no processo de conhecimento.

b) *ontológicos*, como concepções do homem, da sociedade, da história, da educação e da realidade, que se articulam na visão de mundo implícita em toda produção científica. Essa visão de mundo (cosmovisão) tem uma função metodológica integradora e totalizante que ajuda a elucidar os outros elementos de cada modelo ou paradigma.

O "esquema paradigmático" nos ajuda a elucidar as relações entre os níveis e pressupostos, contudo, sua aplicação faz supor uma prévia classificação — das diversas abordagens metodológicas ou opções paradigmáticas — que funciona como um primeiro nível de abstração no processo da reconstrução da totalidade ou da concreticidade, segundo a proposta de Kosik. Esse processo tem como ponto de partida a realidade contida, sintetizada e manifesta nos textos (teses, dissertações, informes de pesquisa etc.); assim, cada um dos textos é uma "realidade empírica" que, com a mediação de categorias abstratas, no caso das classificações, possibilita reconstruir essa totalidade que é o concreto. Totalidade articulada, construída e em construção, "síntese de múltiplas determinações mais simples".

No processo de concreção, têm sentido o "esquema paradigmático" e as classificações utilizadas nessa proposta, tomadas como elementos abstratos que possuem uma função metodológica na construção do concreto. Tal função não consiste em servir de esquema, para encaixar a realidade em categorias prefixadas, mas auxiliar na passagem para a construção do conhecimento, na dinâmica do processo de concretização. Essas categorias abstratas serão "superadas" em prol da totalidade que se constrói e que se torna o "ponto de chegada de um processo de correlações em espiral no qual todos os conceitos entram em movimento de mútua compenetração e elucidação" (Kosik, 1976, p. 41).

Quando afirmamos que a função do esquema paradigmático e das classificações não consiste em encaixar a realidade em categorias abstratas e rígidas, estamos pensando "no uso de categorias com função metodológica, isto é, não como afirmações fechadas sobre a realidade, mas como elementos construtores da teoria. O conteúdo essencial do anterior, é privilegiar no estudo dos fenômenos o aspecto processo. De fato, a apropriação cognitiva do real deve ser o suficientemente aberta para cumprir uma função crítica em relação aos esquemas teóricos que têm servido de referência" (Bengoechea, 1978, p. 84).

O esquema paradigmático, levando em conta essas colocações, apesar das restrições próprias de todo instrumento, serve como mediação para articular os diversos elementos implícitos nos textos das investigações e para confirmar a necessidade de localizar as técnicas no interior dos métodos, com estes, por sua vez, inseridos nos modelos científicos.

A reconstrução da lógica que articula os elementos constitutivos da pesquisa, entretanto, não é suficiente para compreender o processo da elaboração do conhecimento e da produção da obra científica, nem essa compreensão se esgota apenas na identificação de métodos e modelos. Além da reconstrução da lógica de cada modelo ou tendência, requer-se também compreender o processo de construção dos próprios modelos; para isso, é preciso levar em conta os fatores históricos que determinam a produção científica. Esses fatores são, dentre outros, as condições econômico políticas de produção da pesquisa, os determinantes derivados das opções administrativas e políticas de cada centro de pesquisa ou curso de pós-graduação, fatores históricos relativos às políticas educacionais de ciência e tecnologia e, de uma forma mais ampla e complexa, determinantes históricos da sociedade como um todo na qual se situa a pesquisa e na qual tem sentido e validez.

A produção científica é inseparável da própria história do homem e de sua produção material. A pesquisa científica está influenciada pelas condições históricas de sua produção (inter-relações materiais, culturais, sociais e políticas). A recuperação dessas condições complementam as análises epistemológicas. Nesse sentido, o conhecimento das tendências da pesquisa educacional como um "concreto no pensamento" é o resultado do processo que parte de um produto real (dissertações e teses), caminha pela análise dos elementos constitutivos (teórico abstratos) e volta ao concreto histórico. Esse conhecimento do concreto será válido parcialmente e em determinado nível de complexidade, já que novas formas de produção, novas condições históricas, exigem novas investigações e classificações, bem como explicações mais complexas. Nessa linha de raciocínio, entendemos que assim como toda produção científica, que sistematiza o conhecimento fundamental para a transformação da realidade, deve ser constantemente aprimorada pelo progressivo grau de exigência que essa realidade demanda, assim a pesquisa educativa, e a pesquisa epistemológica sobre aquela pesquisa, deve ser uma atividade constante e cada dia mais exigente pelos níveis de complexidade que historicamente vão adquirindo.

Depois de apresentar em forma sucinta a proposta de um instrumento para compreender as articulações entre os elementos da pesquisa e chamar a atenção para o estudo dos modelos ou paradigmas epistemológicos, que permitem ver a questão das técnicas e métodos não como "ismos", mas como expressão de paradigmas científicos, vejamos alguns casos nos quais aplicamos essa análise. A primeira experiência realizou-se com as dissertações do mestrado em Educação da Universidade de Brasília (UnB, 1982); outra efetuou-se com as dissertações e teses dos Cursos de Pós-Graduação em Educação do Estado de São Paulo (Sánchez Gamboa, 1987), dentre as quais destacamos as investigações produzidas no Programa de Mestrado e Doutorado na Universidade Estadual de Campinas (Unicamp).

As dissertações da Universidade de Brasília foram classificadas segundo as abordagens metodológicas utilizadas (funcionalistas, positivistas, sistêmicas, empiristas, estruturalistas e dialéticas). Essas abordagens, analisadas por meio do "esquema paradigmático", evidenciaram que não existem abordagens puras, mas misturadas de diversas maneiras, daí a necessidade de buscar algumas categorias mais abrangentes que definam melhor suas diferenças e expliquem suas especificidades. Tais categorias são as epistemologias que articulam as anteriores abordagens. Com ajuda do "esquema paradigmático", verificamos que alguns métodos, embora apresentem variações, nuanças e matizes específicos, tem pressupostos epistemológicos e filosóficos comuns. De igual maneira, constatamos que, fundamentados nos pressupostos, diferenciam-se substancialmente os paradigmas positivistas, estruturalistas e dialéticos. Todos eles, contendo os mesmos elementos (técnicas, métodos, teorias, critérios de cientificidade, pressupostos gnosiológicos e ontológicos), diferenciam-se pela forma de organizar e conceber esses elementos dentro de uma determinada visão de totalidade.

Contextualizando historicamente as tendências epistemológicas encontradas na amostra da Universidade de

Brasília, foi possível identificar especificidades em cada tendência, explicadas pelas condições de produção da pesquisa. Condições advindas da composição do corpo de orientadores, das decisões e orientações administrativas, das tendências teóricas desenvolvidas nesse programa, das políticas de pós-graduação do país e mesmo das circunstâncias políticas e culturais vivenciadas no Brasil no período da produção da pesquisa (1976 e 1981). Verificou-se que as tendências têm certa mobilidade ao longo dos anos estudados, as pesquisas identificadas como positivistas tendem a diminuir e as estruturalistas a aumentar e, embora não se apresentem pesquisas com orientação dialética propriamente dita, algumas dissertações apontam para essa alternativa desenvolvendo a crítica aos anteriores modelos de pesquisa.

As investigações da Unicamp (1985) inicialmente analisadas, tinham o objetivo de conhecer: a) os principais elementos críticos com relação a temas, teorias e abordagens metodológicas; b) as principais propostas de ação contidas nessas investigações. Esses dois elementos foram considerados, em nível de pressupostos teóricos, no esquema paradigmático utilizado para a análise. O esquema paradigmático permitiu analisar, tanto as críticas como as propostas de ação, em forma integrada com outras especificidades que, em um movimento de mútua compenetração e elucidação, criam um todo paradigmático. Com essa visão ampla dos elementos em questão, foi possível relacioná-los e compreendê-los dentro do processo de desenvolvimento e da trajetória histórica das tendências metodológicas predominantes nos centros de pesquisa e nos programas de pós-graduação. Particularmente no centro de pesquisa, encontramos uma nova tendência identificada com as referências teóricas da dialética materialista, o que modifica o quadro de alternativas epistemológicas a partir dos primeiros anos da década de 1980, situação que se repete em outros centros de pesquisa brasileiros e latino-americanos, devido fundamentalmente à abertura política e à superação das censuras às referências marxistas.

Cada uma das abordagens presentes nesse estudo tem determinado interesse crítico. Verificou-se, por exemplo, desde a total falta de elementos críticos, ou apenas a crítica à falta de recursos financeiros para ampliar o atual sistema educativo nas teses consideradas empiristas, passando pela crítica à distância entre meios e fins encontrados nas abordagens funcionalistas, e pela crítica à transmissão de sentidos acabados ou unívocos e nos textos didáticos, presentes nas abordagens consideradas fenomenológico-hermenêuticas, até as críticas à escola capitalista, à falsa neutralidade da ciência e dos métodos, encontradas nas teses consideradas dialético-críticas.

Ao relacionar as abordagens com o tipo de mudanças propostas, deparamo-nos com um elevado índice de correlação entre abordagens empiristas-positivistas e propostas de mudança de nível técnico, como atividades restauradoras do equilíbrio do sistema ou do fenômeno estudado (*homeostase*); abordagens funcionalistas e propostas de atividades em busca de um novo equilíbrio ou um melhoramento do sistema estudado (incrementalismo); abordagens estrutural-fenomenológicas e propostas de ações inovadoras (neomovilismo); abordagens crítico-dialéticas e propostas de transformações "utópicas", desejando mudanças fundamentais no fenômeno estudado (metamorfose).

No transcurso de oito anos de produção analisados (1977-1984), apresentam-se as seguintes tendências: as abordagens tipo funcionalistas e estrutural-fenomenológicas são relativamente estáveis, enquanto as empírico-positivistas tendem a diminuir e as crítico-dialéticas a aumentar.

A existência de uma pluralidade de abordagens metodológicas, embora expresse uma fase mais rica pela convivência de várias tradições científicas, deve ser criticamente analisada quando se trata de levar em conta as exigências históricas de grandes mudanças socioeconômicas e políticas da atual fase de desenvolvimento da sociedade, de analisar a educação como parte desse todo social concreto, histórico e conflitivo e de propor ações transformadoras; nesse caso, nem todas as abordagens são consequentes com essas exigências. Os métodos não são neutros, eles carregam implicações e pressupostos que condicionam o seu uso, conduzindo a determinados resultados. As abordagens têm relação com uma série de opções paradigmáticas e científicas que o pesquisador consciente ou inconscientemente escolhe e aplica. Trata-se de opções relacionadas com a problemática escolhida, a definição do essencial e do secundário, nos diferentes passos do desenvolvimento da pesquisa, a seleção do paradigma científico, e que remetem a concepções de homem, educação, sociedade, visão de mundo etc.

As implicações e os pressupostos necessitam ser revelados para compreender a pesquisa educativa na atual fase de seu desenvolvimento. Daí a importância de elucidar os paradigmas científicos, que organizam e orientam as diversas alternativas da pesquisa, e revelar seus pressupostos ideológicos e ontológicos, também como compreender os elementos críticos e as propostas de ação contidas em cada paradigma ou modelo.

3. Algumas conclusões

Nas experiências relacionadas anteriormente, podemos destacar resultados e retomar questões pertinentes ao debate sobre os paradigmas da pesquisa educativa, apontando a passagem da discussão em torno dos tecnicismos e outros "ismos" para a questão das tendências epistemológicas.

1. A discussão sobre as tendências metodológicas da pesquisa educacional no Brasil e nos outros países da América Latina tem conquistado maior espaço na literatura especializada e motivado a denúncia dos modismos, identificando os "ismos" e os "desvios" que permeiam a pesquisa educativa produzida especialmente nos programas de pós-graduação. É crescente o interesse pela especificação das diferenças entre os paradigmas quantitativos e qualitativos e pelo reconhecimento da diversidade de abordagens metodológicas. Alimentando essa discussão setorizada nos aspectos técnicos, metodológicos, teóricos ou ideológicos, surgem estudos de caráter epistemológico que vêm considerando a pesquisa como um conjunto, articulado de todos esses elementos. Nesses estudos, a identificação dos modismos, das opções técnicas, e a descrição e classificação das tendências teórico-metodológicas não são suficientes; é preciso decifrar os paradigmas científicos que as fundamentam e revelar seus pressupostos gnosiológicos, assim como suas implicações filosóficas e ideológicas. Nesse sentido, os pesquisadores devem estar cientes da diversidade de para-

digmas científicos, reconhecer a presença de seus respectivos critérios de "cientificidade" e de autojustificativa, e atentar para os debates em torno da evolução das tendências da pesquisa a fim de ir definindo melhor os critérios de qualidade dos processos de construção do conhecimento.

Na fase atual da discussão, admitem-se diversas formas de fazer ciência. Volta a questão dos "ismos" ou "desvios", das opções técnicas no quadro dos paradigmas científicos e das tendências epistemológicas. Esse novo quadro condiz com a complexa realidade educativa do Brasil e da América Latina, que exige para sua compreensão a contribuição de uma ciência multiparadigmática e, como consequência disso, uma constante discussão sobre os diversos modelos de ciência e suas implicações filosóficas, políticas e ideológicas.

2. Os paradigmas científicos podem ser entendidos como lógicas reconstituídas que contêm pressupostos e implicações e que, como tais, devem ser analisados, recuperando suas partes constitutivas. Propomos neste trabalho uma forma para realizar tal análise por meio de um esquema paradigmático. Isso supõe um olhar articulador dos vários elementos constitutivos da pesquisa e a recuperação dos fatores históricos relativos às condições de produção da pesquisa. Como resultado espera-se a caracterização de cada tendência, no contexto comum de uma mesma realidade geográfica e histórica, que desafia o concurso de maior número de investigadores dotados de instrumentos mais depurados e capazes de desenvolver procedimentos com superiores qualificações.

3. O estudo dos diversos paradigmas científicos tem a função de elucidar e interpretar as diferentes opções da pes-

quisa; entretanto, não apresenta uma função normativa, no sentido de indicar qual dos caminhos é ou não é o mais apropriado ou o menos eficiente, qual deles deve ser seguido ou evitado. Isso não exclui que a discussão sobre as tendências epistemológicas continue, pelo contrário, o debate deve ser incentivado, especialmente no seio dos cursos de pós-graduação, responsáveis pela formação do investigador que deve conhecer as diversas opções da pesquisa e compreender suas limitações e implicações filosóficas e ideológicas.

4. Os estudos epistemológicos, necessários na formação do investigador, não podem ser restringidos à implantação de mais uma disciplina nos currículos universitários; devem constituir um espaço para desenvolver a constante "vigilância epistemológica" sobre os processos utilizados na pesquisa científica. "Vigilância epistemológica" que questione não só os métodos tradicionais, mas que aponte para a busca de novas alternativas capazes de ultrapassar as diferentes formas de interpretação da complexa e dinâmica realidade educativa, e de contribuir para sua transformação.[1]

Esperamos que este trabalho traga elementos para aguçar "vigilância epistemológica" e enriqueça o debate que a comunidade de investigadores realiza em torno de sua produção científica.

---

1. O conceito de vigilância epistemológica é utilizado por Bachelard (*Le racionalisme apliqué*) como uma atitude oposta à constante tentação do cientista de transformar os preceitos do método em receitas de culinária científica ou em objetos de laboratório. Essa vigilância, segundo Bachelard, apresenta três graus: o primeiro é a atenção ao inesperado, o segundo, a vigilância sobre a aplicação do método e o terceiro, a vigilância sobre o próprio método. E atua como censura da razão, "superego intelectual" ou "vigilância da vigilância", para romper com o "absoluto do método". Essas teses sobre a vigilância são amplamente comentadas por BOURDIEU, CHAMBOREDON e PASSERON no livro *El oficio del sociólogo* (*Le métier de la sociologie*). México: Siglo XXI, 1975.

Referências bibliográficas

BENGOECHEA, S. et al. La investigación empírica y razonamiento dialéctico. *Revista Mexicana de Ciencias Políticas y Sociales,* México, n. 93-94, p. 73-95, 1978.

BOURDIEU, P.; CHAMBOREDOM, J. C.; PASSERON, J. C. *El oficio del sociólogo.* México: Siglo XXI, 1975.

BURNS, R. Educação para o desenvolvimento e educação para a paz. In: UNESCO. *Perspectivas,* Paris, p. 138-180, 1981.

CUNHA, L. A. Os (des)caminhos da pesquisa na pós-graduação em Educação. In: CAPES. *Seminário sobre produção científica nos Programas de Pós-Graduação em Educação.* Brasília, Departamento de Documentação e Divulgação, p. 3-24, 1979.

DEMO, P. *Metodologia científica em ciências sociais.* São Paulo: Atlas, 1981.

FELDENS, M. da G. F. Alternativas metodológicas para a pesquisa em educação: reflexões e questionamentos. In: SBPC. *Ciência e Cultura,* São Paulo, v. 10, n. 35, p. 1521-1526, 1983.

FERRATER, J. *Diccionario de filosofia.* Buenos Aires: Suramericana, 1975.

GATTI, B. Pós-graduação e Pesquisa em Educação no Brasil, 1978-1981. *Cadernos de Pesquisa,* São Paulo, n. 44, p. 3-17, 1983.

GOERGEN, P. Pesquisa em educação, sua função crítica. *Educação & Sociedade,* São Paulo, 1981, n. 9, p. 65-96.

GOUVEIA, A. J. Algumas reflexões sobre a pesquisa educacional no Brasil. *Revista Brasileira de Estudos Pedagógicos,* Rio de Janeiro, v. 60, n. 136, p. 495-500, 1974.

HABERMAS, J. *Conhecimento e interesse.* São Paulo: Abril, 1983, p. 278-312. (Col. Os Pensadores.)

KOSIK, K. *Dialética do concreto*. Rio de Janeiro: Paz e Terra, 1976.

LALANDE, A. *Vocabulario técnico y científico de la filosofía*. Buenos Aires: Ateneo, 1967.

LATAPI. Acerca de la influencia de la investigación educativa. In: UNESCO. *Perspectivas*, Paris, n. 3, p. 329-336, 1981.

MELLO, G. N. de. A pesquisa educacional no Brasil. *Cadernos de Pesquisa*, São Paulo, n. 46, p. 67-72, 1983.

RYAN, A. *Filosofia das ciências sociais*. Rio de Janeiro: Francisco Alves, 1977.

SANCHEZ GAMBOA, S. *Análise epistemológica dos métodos na pesquisa educacional*. Dissertação (Mestrado em Educação) — Universidade de Brasília, Brasília, 1982.

_____. Alternativas metodológicas en el ejercicio de la investigación educativa. *Educação & Sociedade*, São Paulo, n. 19, p. 91-111, 1984.

TORRES, C. *A Práxis pedagógica de Paulo Freire*. São Paulo: Loyola, 1979.

_____. *Epistemologia da pesquisa em educação*. Tese (Doutorado em Educação) — Universidade de Campinas, Campinas, 1987; Campinas: Ed. Práxis [no prelo].

3

Quantidade-qualidade: para além de um dualismo técnico e de uma dicotomia epistemológica

Silvio Sánchez Gamboa

Introdução

As publicações especializadas em pesquisa da Educação e das Ciências Sociais vêm registrando, nas duas últimas décadas, a discussão sobre os modelos quantitativos e qualitativos.

Apesar das diversas reações que pretendem desqualificar o debate, por ser considerado um falso conflito (Luna, 1991), ou uma guerra de paradigmas própria da década de 1980 (Gage, 1989), ou facilmente superável por meio do "diálogo entre os paradigmas" (Guba, 1990), e dos esforços pela despolarização quantidade-qualidade, a controvérsia sobre os chamados paradigmas da pesquisa intensifica-se mais ainda quando a discussão avança no campo da epistemologia e se identifica com o atual debate entre as abordagens teórico-metodológicas que disputam o espaço da pesquisa nas Ciências Sociais.

Sem dúvida, a polêmica torna-se acirrada quando está em jogo não apenas o mapeamento das tendências da pesquisa nas últimas décadas, mas também a formação de novos pesquisadores que reclamam um necessário esclarecimento sobre as possíveis opções técnicas, metodológicas, teóricas e epistemológicas na prática da pesquisa, quais os seus limites e implicações, bem como os pressupostos filosóficos que as sustentam. A preocupação com as várias alternativas leva-nos a colocar outras questões relativas às formas de articulação entre essas opções, na suspeita de serem todas importantes e de existir, necessariamente, uma lógica entre elas.

Entendemos que a discussão sobre o dualismo quantidade-qualidade perpetua-se. Tendo avançado para além da década de 1980 ainda suscita reflexões, direcionadas especialmente à explicitação das razões pelas quais se considera um falso conflito, à identificação das formas concretas da sua superação e ao desvelamento das relações com outros conflitos presentes na atual fase da pesquisa em Ciências Sociais.

Entendemos que a retomada da discussão sobre o dualismo quantidade-qualidade não pode ser mantida no nível técnico, como parece ter sido o teor predominante da controvérsia na década passada. Precisamente por ter se limitado ao nível técnico, tornou-se um falso conflito. Isto é, há um "reducionismo", resultante da forma como se colocam as alternativas da pesquisa, considerando apenas as opções técnicas, desligadas de outros aspectos ou níveis que integram o processo da pesquisa científica. Nesse sentido, a discussão tem avançado, desde o momento em que se começou a admitir a distinção entre os níveis técnicos, metodológicos, teóricos e epistemológicos, e a se procurar racionalizar as formas de articulação entre esses níveis.

Na literatura que vem acompanhando a controvérsia, são poucos os trabalhos que se aventuram na tentativa da recuperação da lógica que articula esses elementos. Tentativas essas ocorridas com bastante antecedência em estudos sobre a lógica da pesquisa nos campos da epistemologia e da Filosofia.

Algumas publicações recentes no país,[2] entretanto, registram o crescente interesse pelo estudo das questões teóricas da investigação científica, aprofundando, nas concepções de método, a construção das teorias, os enfoques

---

2. Exemplos dessas publicações que acompanham a discussão sobre os métodos da pesquisa educacional estão registrados no acompanhamento que a revista *Cadernos de Pesquisa* vem dando ao debate sobre os métodos (ver, dentre outros, os números 40, 49, 55, 66, 67, 73). De igual forma, a revista *Pro-Posições* (n. 2), os livros organizados por Ivani Fazenda (*Metodologia da pesquisa educacional*, São Paulo: Cortez, 1989; *Novos enfoques da pesquisa educacional*. São Paulo: Cortez, 1992), alguns trabalhos apresentados na 16ª Reunião Anual da Associação Nacional de Pós-Graduação e Pesquisa em Educação (Anped), setembro de 1993, dentre os quais destacamos: ALVES, Alda Judith. *Paradigmas de pesquisa em educação uma avaliação dos desenvolvimentos recentes*, Anped, 1993, 20 p. (Mimeo.); COSTA, Marisa C. Vorraber. *Pesquisa em Educação*: concepção de ciência, paradigmas teóricos e o desafio da produção do conhecimento, Anped, 1993, 15 p. (Mimeo.); OLIVEIRA, Betty. *Paradigmas e alienação na pesquisa em educação*: a problemática da cotidianidade, Anped, 1993, 23 p. (Mimeo.); WARDE, Mirian. O papel da pesquisa na pós-graduação em Educação. *Cadernos de Pesquisa*, São Paulo, n. 73, p. 67-75, maio 1990; da mesma autora, A produção discente dos programas de pós-graduação em educação no Brasil (1982-1991): avaliação e perspectivas. *Avaliação e Perspectivas na área de educação*, 1982-91, Anped, Porto Alegre, CNPq, 1993. p. 51-82.

epistemológicos, os fundamentos filosóficos da pesquisa. Esse interesse já indica a preocupação pela articulação dos aspectos instrumentais e práticos com os fundamentos teóricos e seus pressupostos filosóficos, presentes em toda investigação científica.

Assim este capítulo pretende propor a discussão sobre as técnicas quantitativas e/ou qualitativas, na preocupação de articulá-las com os outros níveis da pesquisa e inseri-las no contexto mais amplo das opções epistemológicas da investigação. Desse modo, será mais fácil delinear as diversas formas de superação do que consideramos um falso dualismo técnico.

Para conseguir avançar nesta discussão, tecendo argumentações a favor da superação do falso dualismo técnico, estruturamos este capítulo em três partes: a) a questão técnica dentro dos enfoques epistemológicos da pesquisa; b) as dicotomias epistemológicas que desqualificam a possibilidade de terceiras opções; e c) algumas alternativas de sínteses que integrem quantidade-qualidade em um mesmo processo.

1. As técnicas como parte de um conjunto maior

Em publicação anterior,[3] afirmávamos que as técnicas não se explicam por si mesmas. A técnica é a expressão prático-instrumental do método, sendo este, por sua vez, uma

---

3. GAMBOA, Silvio Sánchez. A dialética na pesquisa em educação: elementos de contexto. In: FAZENDA, I. (1991, p. 113).

teoria científica em ação. As teorias são maneiras diversas de ordenar o real, de articular os diversos aspectos de um processo global e de explicitar uma visão de conjunto.

As alternativas devem ser colocadas no nível das grandes tendências epistemológicas que fundamentam não somente as técnicas, os métodos e as teorias, mas também a articulação desses níveis entre si e desses níveis com seus pressupostos filosóficos. Nesse contexto maior de enfoques científicos, elucida-se a dimensão e o significado das opções técnicas, sejam essas quantitativas ou qualitativas. A escolha de uma técnica de coleta, registro e tratamento de dados ou dos procedimentos de recuperação de informações sobre um determinado fenômeno implica não somente pressupostos com relação às concepções de método e de ciência, mas também a explicitação das concepções de sujeito e de objeto (pressupostos gnosiológicos relacionados com as teorias do conhecimento que embasam os processos científicos) e as visões de mundo, implícitas em todo processo cognitivo (pressupostos ontológicos que se referem às categorias mais gerais como concepções do real, de mundo, de homem, de sociedade, de história etc.).

A relativização das técnicas quantitativas ou qualitativas com relação a um conjunto maior, sem dúvida, ajudará a compreender sua dimensão no conjunto dos elementos da pesquisa e a revelar suas limitações de tal maneira que, para serem consideradas como opções na definição de alternativas da investigação ou como modelos científicos, precisam ser articuladas a outros elementos mais complexos. As técnicas por si não se tornam alternativas para a pesquisa. As opções técnicas só tem sentido dentro do enfoque epistemológico no qual são utilizadas ou elaboradas.

Em outras palavras, para superar o falso dualismo quantidade-qualidade, é necessário relativizar a dimensão técnica inserindo-a em um todo maior que lhe dá sentido, tomando-a como parte constituída do processo de pesquisa. Na medida em que recuperamos o todo, nesta mesma medida relativizamos a parte. Quando recuperamos o todo maior (nesse caso, o enfoque epistemológico), remetemos a opção e a discussão sobre as alternativas da pesquisa não à escolha de algumas técnicas ou métodos, mas aos enfoques epistemológicos que, como um todo maior, articulam outros elementos constitutivos por meio da construção de uma lógica interna (a própria lógica da pesquisa) necessária para preservar o rigor e o significado do processo científico. A articulação desses elementos depende de cada enfoque epistemológico. Em cada enfoque as técnicas são articuladas de forma diferente. Isto é, as técnicas são utilizadas com intensidade e peso diferenciados. Os instrumentos de coleta, tratamento e organização de dados e de informações são, ou não, destacados de acordo com cada enfoque. Por exemplo, os enfoques empírico-analíticos, comumente conhecidos como positivistas, priorizam as técnicas quantitativas e os instrumentos "objetivos" e negam a importância de outras formas de coleta e tratamento de dados, que poderiam comprometer o rigor e a objetividade do processo; os enfoques etnográficos e fenomenológicos destacam os instrumentos e as técnicas que permitem a descrição densa de um fato, a recuperação do sentido, com base nas manifestações do fenômeno e na recuperação dos contextos de interpretação e, em contrapartida, limitam a importância dos dados quantitativos, pelo seu "reducionismo matemático", embora os aceitem apenas como indicadores que precisam ser interpretados à luz dos elementos qualitativos e intersubjetivos.

Em resumo, podemos argumentar que, na medida em que recuperamos outros elementos constitutivos do processo de produção do conhecimento, também relativizamos a importância do debate sobre as técnicas qualitativas ou quantitativas. Quando isso ocorre, ao denunciar um falso dualismo técnico, remetemos o debate sobre as alternativas da pesquisa aos enfoques epistemológicos. Esses enfoques, entendidos como lógicas reconstituídas, integram com maior ou menor coerência outros elementos, incluindo as técnicas, dentro de um todo que articula desde os instrumentos de coleta de dados até a visão de mundo e os interesses cognitivos que os pesquisadores exprimem no processo de construção do conhecimento.

2. A falsa dicotomia e o princípio do terceiro excluído

Quando remetemos a discussão do falso dualismo técnico para os enfoques epistemológicos, podemos cair em uma dicotomia epistemológica, ao reduzir as alternativas a um ou outro enfoque epistemológico, e excluímos outras opções (terceiros excluídos).

Dentre os autores que abordam a problemática das técnicas de pesquisa no contexto das concepções mais amplas de método e ciência, podemos identificar duas tendências: em primeiro lugar, aqueles que desqualificam a discussão sobre as tendências metodológicas por defenderem a existência de um único método científico que se afirma na concepção da unidade da ciência e do método e na possibilidade da elaboração de um único conhecimento válido, o científico; em segundo lugar, aqueles que aceitam a existência de dois métodos científicos, um apropriado para as Ciências Exatas e Naturais e outro válido para as Ciências Humanas e Sociais.

Os primeiros exigem que os métodos científicos sejam rigorosos, pautados pela objetividade, pelos critérios e estatutos das ciências empírico-analíticas tanto naturais como sociais (Kaplan, 1964; Kerlinger, 1980; Luna, 1991). Outros métodos, como os subjetivos e interpretativos, comprometem o rigor científico e a neutralidade axiológica e, portanto, poderão ser aceitos em outros campos do saber, mas não garantirão um conhecimento científico rigoroso. Quem adere aos princípios da ciência empírico-analítica e do positivismo lógico, dificilmente aceita outras formas de elaborar conhecimento científico senão aquelas que se ajustam aos critérios dos procedimentos experimentais, correlacionais e estatísticos e ao raciocínio hipotético-dedutivo.

Os segundos (Goetz e Le Compte, 1984; Ludke e André, 1986; Martins, 1991) questionam a unidade da ciência e a transferência automática dos métodos das Ciências Naturais para as Ciências Humanas e defendem a necessária especificidade das Ciências Humanas e Sociais no que se refere à presença da subjetividade (os objetos de estudo são também sujeitos, homens ou grupos sociais, não podendo ser tratados como coisas ou dados distantes e objetivos, da forma como pretende o positivismo).

A exigência de uma especificidade para Ciências Humanas (Merleau-Ponty, 1973) conduz à elaboração de um método diferente que permita o tratamento da subjetividade. Com esse pressuposto básico, desenvolveram-se algumas das atuais tendências da pesquisa nas Ciências Sociais, buscando sua orientação teórico-metodológica na Sociologia compreensiva, na Fenomenologia e no interacionismo simbólico, dando ênfase à interpretação, à compreensão e descrição densa e aos métodos etnográficos, e priorizando técnicas qualitativas no tratamento dos dados e informações.[4]

A exigência de uma especificidade metodológica para as Ciências Humanas pode conduzir a discussão das alternativas da pesquisa a uma falsa dicotomia epistemológica que apresenta, por um lado, a vertente destacando o tratamento da subjetividade, defendida pelos autores vinculados aos enfoques cuja matriz comum está na fenomenologia e, por outro lado, a vertente, fundada nos parâmetros da ciência empírico-analítica, que prioriza a objetividade dos processos, os quais, no tratamento dos fatos sociais e na pesquisa científica, são conhecidos como enfoques positivistas.

Os autores que desenvolvem essa dicotomia ou alertam para o dualismo epistemológico, costumam explicitar algumas categorias científicas que identificam melhor essa polarização. As categorias mais divulgadas são: objetividade/subjetividade[5] e explicação/compreensão.[6]

---

4. É importante também anotar que alguns autores representantes desse enfoque criticam de forma radical o "reducionismo" e a pretendida objetividade e neutralidade axiológicas dos enfoques positivistas; assim também outros, que aceitam o tratamento dos fenômenos humanos com as categorias das ciências analíticas, nos quais tais procedimentos são possíveis, especialmente nos aspectos biológicos.

5. Goetz e Le Compte, 1984; Franco, 1988; Sánchez Gamboa, 1987, 1991.

6. De Landsheere, 1986; Cupani, 1986; Sánchez Gamboa, 1987.

Segundo Gibaja, "as dessemelhanças — entre os diversos enfoques e as tradições filosóficas em que se inscrevem — podem se encontrar nos procedimentos de coleta e análise dos dados, nas formas de conceituar os problemas e perceber os objetivos da pesquisa, nas modalidades com as quais os pesquisadores se relacionam com a realidade ou nas concepções da verdade, a objetividade e a validade. Uma das diferenças mais importantes reside na medida em que a concepção de conhecimento e de verdade envolve uma postura relativista que tem consequências na tarefa de pesquisar" (1988, p. 86).

Entende-se, portanto, que as principais diferenças encontram-se nos pressupostos gnosiológicos e epistemológicos, referentes às concepções de objeto e de sujeito e às maneiras ou caminhos da relação cognitiva. Priorizar um ou outro polo da relação traz consequências para todo o processo de pesquisa. De fato, se o processo cognitivo se centraliza no objeto, na tentativa de despir o processo de conotações subjetivas e de produzir um conhecimento objetivo, estamos propondo procedimentos que garantam a observação controlada, a origem empírica dos dados, os testes dos instrumentos para neutralizar qualquer interferência de valores e de interpretações subjetivas, a codificação numérica, a univocidade dos enunciados e o raciocínio hipotético-dedutivo. Nesse caso, estamos falando do enfoque empírico-analítico e do positivismo lógico.

Se o processo cognitivo se centraliza no sujeito, estamos supondo que o acesso aos fatos seja possibilitado pela compreensão do sentido, em lugar da observação controlada. O processo exige o comando do intérprete que assume a "subjetividade fundante do sentido", a interpretação (hermenêutica) dos fenômenos, recuperando os significados, o sentido ou os vários sentidos (polissemia) dentro de seus contextos de significação (horizontes de compreensão). Nesse caso, estamos falando dos enfoques fenomenológicos e etnográficos.

Os pressupostos anteriores explicitam-se quando se contrapõem as categorias explicar/compreender que manifestam duas maneiras de definir, delimitar e constituir os objetos. As abordagens empírico-analíticas delimitam o objeto de estudo constituindo-o como um todo e caminhando em direção das partes que o integram (método analítico); os contextos são isolados ou controlados (variáveis intervenientes ou de contexto). O conhecimento produz-se identificando as partes (variáveis) e relacionando-as entre si, segundo os princípios da causalidade que permitem explicar o objeto.

Já as abordagens fenomenológico-hermenêuticas iniciam o processo, valendo-se da parte (o símbolo, o gesto, a expressão, o texto, a manifestação do fenômeno), e caminham em direção do todo, recuperando o contexto de significação (método compreensivo). O conhecimento acontece quando captamos o significado dos fenômenos e desvendamos seu verdadeiro sentido, recuperando (de forma também rigorosa) os contextos, as estruturas básicas e as essências (invariantes), com base nas manifestações empíricas (variantes). Conhecer é compreender os fenômenos em suas diversas manifestações e contextos. Para tanto, o sujeito tem que intervir interpretando, procurando seu sentido, e utilizando técnicas abertas que permitam a manifestação profunda dos fenômenos (técnicas qualitativas); de forma diferente, no método analítico, o sujeito precisa ficar distante, excluir seus valores, suas interpretações, e utilizando técnicas e instrumentos que filtrem a subjetividade e permitam uma formalização rigorosa, de preferência numérica (técnicas quantitativas).

Essa breve referência aos elementos mais complexos que envolvem a discussão dos níveis técnicos, indicam-nos que a tentativa de superar o falso dualismo técnico poderá conduzir a uma falsa dicotomia epistemológica.

A redução das alternativas da pesquisa em Ciências Sociais a duas abordagens epistemológicas, fundadas nas tradições positivista e fenomenológica, expressa alguns riscos, dentre os quais, dois parecem ser os mais sérios.

O primeiro risco está em situar num mesmo campo, e de forma indiscriminada, diferentes concepções de ciência. Por exemplo: chamar de Positivismo simplesmente tudo aquilo que não se enquadra dentro dos requisitos do enfoque fenomenológico ou etnográfico, englobando num mesmo grupo o empirismo, o Positivismo, o neopositivismo lógico, o condutismo, o funcionalismo, o materialismo histórico etc. De igual maneira, considerar como subjetivistas, e portanto concepções "pouco rigorosas" ou ideológicas, os enfoques fenomenológicos, existencialistas, historicistas, inclusive os dialéticos etc. Como vemos, pode-se dividir o campo das alternativas em dois grupos, daí o risco da dicotomia epistemológica.

O segundo risco, consequência do anterior, consiste em excluir terceiras opções. Quando a superação do dualismo técnico se transforma numa dicotomia epistemológica e se radicaliza de tal maneira, a discussão sobre essa dicotomia, a ponto de emergirem apenas dois enfoques, ou seja, duas maneiras de fazer ciência com critérios de cientificidade diferentes, parece que se argumenta dentro do raciocínio lógico do terceiro excluído.[7]

Segundo essa forma de pensar, cada enfoque se acredita o mais científico, válido ou apropriado para o tratamento dos fenômenos sociais; os outros enfoques são considerados "ismos" ou "vieses" e carecem de validade; portanto, não conduzem a um conhecimento científico ou verdadeiro. Essa parece ser a argumentação que, em entrelinhas, é defendida quando se confrontam os métodos qualitativos *versus* quantitativos ou os enfoques positivistas *versus* etnográficos.

Nesse sentido, parece que o critério predominante para discutir as opções epistemológicas se fecha nessa alternativa. O discurso que aplica radicalmente o princípio do terceiro excluído parece dispensar outras abordagens, ou fechar o espaço para outros enfoques, também válidos como, por exemplo, o materialismo histórico. De igual maneira, a dicotomia epistemológica parece coibir e desqualificar as possibilidades de síntese entre os elementos

---

7. Dentro das leis da lógica formal que regulam o pensamento e a manifestação das ideias, é conhecida a lei do "terceiro excluído" que se aplica com base na presença de dois juízos contraditórios, em que um dos dois é verdadeiro e o outro falso, não existindo a possibilidade de um terceiro juízo (metade verdadeiro e metade falso). Fazendo um paralelo com a discussão sobre as alternativas da pesquisa, que, em forma simplificadora, as reduz a duas opções, podemos denunciar essa maneira de colocar a discussão, radicalizando, em forma grosseira, o princípio dos juízos contraditórios, situando as opções na alternativa de ser uma verdadeira e a outra falsa, ou vice-versa. De igual maneira, podemos questionar a forma de elaborar os argumentos que exprimem as concepções da lógica formal, quando atribuem ao real categorias dualistas contrárias como quantidade-qualidade, verdadeiro-falso, sujeito-objeto, todo-parte (espírito-matéria, alma-corpo, vida-morte etc.), excluindo a possibilidade de processos em que os contrários se integram em uma mesma unidade.

qualitativos e quantitativos em um mesmo processo metodológico, a interação sujeito-objeto na produção do conhecimento e a articulação de processos de explicação e compreensão na elaboração da mesma pesquisa.

3. A procura de sínteses possíveis

Na tentativa de superar os falsos dualismos técnicos e metodológicos, os pesquisadores parecem ter três reações. Essas reações caracterizam-se pelo rechaço a qualquer tipo de ecletismo e pela aceitação de uma base epistemológica no confronto dos elementos técnico-metodológicos. Entendemos que as reações podem ser configuradas como posturas mais ou menos próximas a uma síntese entre os aspectos confrontados.

1. A postura mais radical ligada à crítica de toda tentativa de conciliação entre os modelos de pesquisa, é assumida por alguns autores, os quais afirmam que os problemas técnicos e metodológicos implicam concepções de ciência e de conhecimento totalmente diferente.[8] A validade de uma pesquisa não depende das técnicas, mas da construção lógica empregada. Não é possível reduzir o conflito dos enfoques a diferenças técnicas ou a uma questão de procedimentos. Cada enfoque tem uma lógica própria que se identifica com uma visão de mundo e com os interesses que comandam o processo cognitivo: Esses interesses são incompatíveis e impossíveis de serem conciliados, levando necessariamente a conclusões diferentes. Nesse caso, o

---

8. Autores como John Smith e Lou Heshusius, citados por Gibaja (1988).

pesquisador que deve optar por um enfoque, precisa ter clareza das limitações e das implicações da sua escolha. No primeiro texto apresentado neste livro, Santos Filho amplia as razões dessas posturas, as quais têm evoluído do radicalismo das diferenças para a aceitação das várias abordagens, defendendo uma maturação dos paradigmas que, nas Ciências Humanas, ainda se encontram numa fase analítica, sendo prematuras as sínteses apresentadas, cabendo, então, no melhor dos casos, a tolerância e o pluralismo epistemológico. A maturidade ainda não alcançada é também um indicador das possibilidades futuras de desenvolvimento e dos desafios que essas ciências "adolescentes" têm a percorrer.

2. A segunda reação caracteriza-se por admitir diferentes modalidades de trabalho e tolerar a coexistência de modelos e a conveniência de trabalhar com formas quantitativas e qualitativas como um modo de completar e ampliar informações com base em pontos de vista diferentes.[9] Aceita-se a "especificidade" dos enfoques, a diferença de procedimentos de análise e interpretação dos dados e a possibilidade de chegar-se a conclusões semelhantes e complementares. Essa reação mais pragmática pouco se detém em discutir as diferenças, quando se trata de atingir os objetivos do conhecimento de uma realidade complexa que exige o recurso de diferentes abordagens, as quais não só ampliam e complementam os conhecimentos sobre uma determinada problemática, senão que "são passíveis de uso simultâneo".

---

9. Gociz e Le Compte (1984); Rezende, A. *Concepção fenomenológica da educação*. São Paulo: Cortez, 1990.

3. A terceira postura é assumida por autores que propõem uma síntese que supere os falsos dualismos e as dicotomias epistemológicas.[10] Admite-se a existência de diversos enfoques, na medida em que num *continuum* se polarizam diversos aspectos do processo da produção de conhecimentos. Tais polarizações geralmente se apresentam entre as categorias da objetividade e subjetividade, entre quantidade e qualidade, entre explicação e compreensão entre registro rigoroso de dados e interpretação etc. De igual forma, aceita-se que não é possível estabelecer uma relação direta entre as técnicas, os métodos e uma base epistemológica. A articulação desses elementos, a proporção de utilização de fatores quantitativos ou qualitativos, subjetivos e objetivos, dependem da construção lógica que o pesquisador elabora, nas condições materiais, sociais e históricas que propiciam ou permitem o trabalho de pesquisa. Nesse sentido, a pesquisa é o resultado dessas condições, considerando-se, portanto, um produto social histórico. A aceitação da possibilidade de diversos enfoques, que se definem com fundamento em polarizações ou ênfases nas diferentes construções lógicas que priorizam um determinado elemento, conduz também a aceitar a possibilidade de novos enfoques que poderiam resultar da síntese dos elementos polarizados ou privilegiados em outros enfoques.

Podemos observar que aqui não se trata de opções radicais, mas de definir intensidades nesse *continuum*, o que leva a uma maior elaboração e articulação de conceitos, corrigindo desequilíbrios presentes nas formas radicais dos

---

10. Franco, Maria Laura. *O "estudo de cuco" no falso conflito que se estabelece entre análise quantitativa e análise qualitativa.* São Paulo: PUC, 1988. (Mimeo.); Frigotto, Sánchez Gamboa, Fenellon, Noronha. In: Fazenda (1991).

paradigmas quantitativo-realista ou qualitativo-idealista, ou do objetivismo e do subjetivismo, ou da predominância da explicação ou da compreensão. Na evolução dos modelos, a autocrítica ao seu interior, assim como o confronto com outros modelos, contribuem para a elaboração de novas versões menos radicais e "mais equilibradas". Isso parece acontecer, de acordo com a interpretação de Guba (1990), tanto com as tendências pós-positivistas, modificando suas concepções de objetividade, admitindo a importância das teorias mais abrangentes e considerando os contextos naturais (para superar o experimentalismo), como com as tendências subjetivistas, que têm substituído as concepções da interpretação e dos valores individuais por padrões socialmente aceitos, categorias socialmente construídas ou verdades, fruto de consensos intersubjetivos. Defende-se uma objetividade processual, assimilando os princípios do relativismo que caracterizam algumas ramas do atual construtivismo. A aceitação de uma realidade socialmente construída leva à concordância com as múltiplas interpretações, igualmente válidas, dependendo dos sujeitos que constroem coletivamente essa realidade. É por isso que, dependendo do consenso da comunidade científica, qualquer paradigma será aceito. Daí a possibilidade de superar o atual estágio de polarizações mediante sínteses consensuais, fruto do "diálogo entre os paradigmas" (Guba, 1990).

Essa síntese consensual de uma visão intersubjetiva é diferente de outra maneira de entender: a síntese entre as polarizações, que parte da aceitação da contradição entre esses polos, mas realizando um processo de passagens de um polo para outro. Nessa nova concepção de síntese, a superação dos pontos conflitantes acontece segundo um processo de aquisição de novas formas em que se assimilam as características negadas e afirmadas na passagem de um extremo ao outro.[11]

Dentre os possíveis enfoques que buscam a síntese de contrários são frequentemente enunciados os crítico-dialéticos que vêm se destacando nas atuais tendências da pesquisa em Ciências Sociais e que, nos debates sobre os métodos qualitativos e quantitativos e sobre as dicotomias epistemológicas, pertencem ao grupo dos "terceiros excluídos", anteriormente enunciados.

Não pretendemos, no espaço deste capítulo, apresentar, de forma pontual, as contribuições desses enfoques na procura de possíveis sínteses. Destacamos, como exemplo, o materialismo histórico que, em princípio, propõe a síntese como uma das suas categorias basilares, mesmo porque o próprio materialismo histórico já é uma síntese de grandes correntes do pensamento científico e filosófico. Vejamos alguns aspectos dessa síntese.[12]

Ao longo da sua história, a dialética materialista tem recuperado a contribuição de outras grandes tendências filosóficas e científicas. Desde sua elaboração, como abordagem científica (Marx), a dialética constituiu-se com base nas

---

11. Na apresentação das diferentes reações ao falso dualismo, as duas primeiras dessas reações são amplamente expostas no texto de Santos Filho. Já a terceira reação, a da busca das sínteses, tem um maior espaço neste trabalho. Esperamos que a ênfase dada à terceira opção propicie um certo equilíbrio na apresentação das várias abordagens, para assim enriquecer ainda mais o debate.

12. Remetemos o leitor a outros autores que explicitam de forma ampla, essas sínteses: CHEPTULIN, A. *A dialética materialista*. São Paulo: Alfa-Ômega, 1982; KOPNIN, P. V. *A dialética como lógica e teoria do conhecimento*. Rio de Janeiro: Civilização Brasileira, 1978; ROD, W. *La filosofia, dialéctica moderna*. Pamplona: Uensa, 1977.

contribuições do empirismo inglês e do idealismo alemão, apropriando-se de algumas categorias geradas e desenvolvidas nessas grandes tendências filosóficas e transformando-as em uma nova concepção filosófica e científica.

Hoje, qualquer avanço na dialética alimenta-se, além de seu próprio desenvolvimento, da capacidade de assimilar as contribuições do moderno empirismo e da fenomenologia contemporânea.

Em relação ao sujeito e ao objeto, a dialética resgata o caráter relacional do processo da produção do conhecimento. Já Hegel questionava, nas teorias empíricas e na gnoseologia kantiana, o duplo empirismo de um objeto dado e fixo e um sujeito presente e definido, e igualmente critica o falso dualismo sujeito-objeto, quando só pretende separar o que é inseparável, isto é, os dois polos de uma mesma totalidade, gerando, assim, correntes contrárias no seio da teoria do conhecimento: o objetivismo e o subjetivismo. A superação do duplo empirismo e do falso dualismo é possível quando resgatamos os conceitos de totalidade e de processo, ou seja, superamos a separação sujeito-objeto, quando situamos os dois elementos fundamentais da relação cognitiva em um todo maior envolvente, que, segundo a concepção marxista de totalidade concreta, se refere às condições materiais históricas que mediatizam e modificam essa relação. Dessa forma, o sujeito adquire uma dimensão histórico-social e estabelece uma relação dinâmica com um objeto que se constrói com o instrumental teórico-metodológico presente no momento da relação. Por outro lado, a construção do objeto gera também um processo de transformação no sujeito que se enriquece e se realiza como tal. O resultado desse processo de inter-relação e de mútua elucidação é o conhecimento, entendido como "o concreto no pensamento".

Dentro dessa visão de processo, em vez de priorizar um ou outro polo da relação, destaca-se a própria relação, determinada, fundamentalmente; pelo todo social histórico que, como contexto maior, determina as condições concretas da relação cognitiva. E essas condições, por sua vez, dependem das fases de desenvolvimento das forças produtivas (novas técnicas, novos instrumentos, novas experiências, novos referenciais teóricos etc.) e das relações de produção (prioridades, interesses sociais, políticas de ciência e tecnologia etc.) que possibilitam a realização da pesquisa científica. Nesse sentido, a ciência é um produto social histórico.

As categorias de explicação e compreensão, consideradas em outras abordagens como categorias científicas separadas e independentes, caracterizando tipos diferentes de ciência, na dialética implicam-se mutuamente. As duas se dão como resultado dos processos de análise, síntese e do movimento; da passagem do real empírico ao abstrato e deste ao concreto (processos e categorias que se articulam na dinâmica do processo do conhecimento). Na perspectiva da dialética, a compreensão e a explicação não são apenas processos intelectualmente conexos, mas sim um só processo, simplesmente referidos a dois níveis diferentes, mas articulados, na construção do objeto. É assim que qualquer descrição de uma estrutura dinâmica, ou de uma estrutura significativa, "tem um caráter compreensivo em relação ao objeto estruturado e um caráter explicativo em relação às estruturas mais limitadas que são seus elementos constitutivos" (Goldmann, 1979, p. 9).

Em relação às categorias quantidade-qualidade, as pesquisas com enfoque dialético, no que se refere às técnicas, geralmente utilizam as historiográficas, tratando as dimensões quantitativas e qualitativas dentro do princípio do movimento. Essas categorias modificam-se, complementam-se e transformam-se uma na outra e vice-versa, quando aplicadas a um mesmo fenômeno. De fato, as duas dimensões não se opõem, mas se inter-relacionam como duas fases do real num movimento cumulativo e transformador, de tal maneira que não podemos concebê-las uma sem a outra, nem uma separada da outra.

Nesse sentido, os textos básicos sobre a dialética consideram como um de seus princípios, "a passagem das mudanças quantitativas às mudanças qualitativas e vice-versa", aplicadas inicialmente por Engels à dialética da natureza e depois amplamente utilizada na análise da dinâmica da formação das sociedades e das transformações dos fenômenos sociais e políticos (cf. Löwy, 1975). Esses princípios da concepção dinâmica da realidade e da unidade e luta de contrários que explicam sua origem, desenvolvimento e constante transformação, são a base para considerar que as mudanças qualitativas estão ligadas necessariamente a mudanças quantitativas. Em outros termos, toda mudança qualitativa é o resultado de certas mudanças quantitativas. Por outro lado, "uma qualidade nova, surgida em decorrência de mudanças quantitativas determinadas, não se comporta de maneira passiva em relação a essas últimas, mas, pelo contrário, exerce uma influência de volta, acarretando também mudanças características (*sic*) quantitativas rigorosamente determinadas" (Cheptulin, 1982, p. 213).

Na pesquisa em Ciências Sociais, frequentemente são utilizados resultados e dados expressos em números. Porém, se interpretados e contextualizados à luz da dinâmica social mais ampla, a análise torna-se qualitativa. Isto é, na medida em que inserimos os dados na dinâmica da evolução do fenômeno e este dentro de um todo maior compreensivo, é preciso articular as dimensões qualitativas e quantitativas em uma inter-relação dinâmica, como categorias utilizadas pelo sujeito na explicação e compreensão do objeto. Como vemos, a superação do falso dualismo técnico implica a abrangência de outros elementos constitutivos do processo científico. Ao mesmo tempo, a superação das dicotomias epistemológicas também exige a retomada das categorias básicas da produção do conhecimento, extrapolando as polarizações entre quantidade-qualidade, sujeito-objeto, explicação-compreensão etc. Exige, ainda, novas concepções de pesquisa e esforços na busca de síntese e novas maneiras de articular os elementos constitutivos da investigação em Ciências Sociais.

Conclusões

Os esforços em superar o dualismo técnico, relativizando a importância que as opções instrumentais adquiriram nas últimas décadas, poderiam nos levar à dicotomia epistemológica, quando se remete a discussão às concepções de ciência nas quais essas opções se embasam. Essa transferência, embora seja um avanço na polêmica, poderá acarretar outra falsa opção, na medida em que o raciocínio fica preso à lógica formal do princípio do "terceiro excluído".

Dentre as diversas reações ao dualismo quantidade-qualidade, apontadas nos três capítulos deste livro, damos ênfase àquelas que buscam superar a dicotomia epistemológica, procurando a síntese entre os elementos conflitantes. Essa síntese pode ser entendida de diferentes maneiras. Indicamos a seguir duas formas do processo: uma em que ele é interpretado como um consenso intersubjetivo e como a possibilidade de construir (construtivismo) diversas sínteses dentro de um *continuum* entre os polos apontados, sendo a proposta feita pelos defensores do diálogo entre os paradigmas, que buscam equilíbrio entre as polarizações sujeito-objeto, quantidade-qualidade, explicação-compreensão, registro controlado dos dados-interpretação etc. Outra forma de entender a síntese refere-se à superação de níveis de um mesmo processo em que é admitida a contradição entre os opostos e a passagem de um para o outro. Na dinâmica dessa passagem, as características quantitativas tornam-se qualitativas e vice-versa, constituindo-se no processo da produção do conhecimento em categorias inseparáveis, embora opostas. Essa concepção de síntese, referida ao materialismo histórico, é relativamente reconhecida pelas tendências neomarxistas, identificadas com as teorias críticas da Escola de Frankfurt. As propostas de síntese aqui apresentadas com algum destaque, interpretadas pelo construtivismo e as teorias crítico-dialéticas, não são as únicas, nem esgotam as alternativas. Muitas outras possibilidades surgirão na medida em que se acumula a "massa crítica" gerada na prática da pesquisa e na reflexão sobre ela. De igual maneira, as propostas de síntese não são as únicas saídas para o debate aqui apontado. Como temos observado, há outras formas de abordar a controvérsia quantidade-

-qualidade, todas esgrimindo suas justificativas e propondo suas soluções; daí a riqueza deste debate.

Referências bibliográficas

ALVES, A. J. *Paradigmas de pesquisa em Educação*: uma avaliação dos desenvolvimentos recentes. Anped, 1993. (Mimeo.)

CHEPTULIN, A. *A dialética materialista*. São Paulo: Alfa-Ômega, 1982.

COSTA, M. C. V. *Pesquisa em Educação*: concepção e ciência, paradigmas teóricos e o desafio da produção do conhecimento. Anped, 1993.

CUPANI, A. A hermenêutica ante o positivismo. *Manuscrito*, Campinas, Unicamp, ano IX, n. 1, p. 75-100, 1986.

DE LANDSHEERE, G. *La recherche en éducation dans le monde*. Paris: PUF, 1986.

FAZENDA, I. *Metodologia da pesquisa educacional*. São Paulo: Cortez, 1989.

_____. *Novos enfoques da pesquisa educacional*. São Paulo: Cortez, 1992.

FRANCO, M. L. P. B. Porque o conflito entre tendências metodológicas não é falso. *Cadernos de Pesquisa*, São Paulo, n. 66, p. 75-80, 1988.

GAGE, N. C. The paradigm wars and their aftermath: a "historical" sketch of research on teaching since 1989. *Educational Researcher*, v. 18, n. 7, p. 4-40, 1989.

GIBAJA, R. Acerca del debate metodológico en la investigación educativa. In: OEA. *La Educación*, Washington, DC, n. 103, p. 81-94, 1988.

GOETZ, J.; LE COMPTE, M. *Ethmography and qualitative design in educational research*. Orlando: Academic Press Inc., 1984.

GOLDMANN, L. *Dialética e cultura*. Rio de Janeiro: Paz e Terra, 1979.

GUBA, E. G. *The paradigm dialog*. London: Sage Publications, 1990.

KAPLAN, A. *The conduct of inquiry*: methodology for behavioral sciences. San Francisco: Chandler Publishing Co., 1964.

KERLINGER, F. N. *Metodologia da pesquisa em ciências sociais*. São Paulo: EPU/Edusp, 1980.

LÖWY, M. *Método dialético e teoria política*. Rio de Janeiro: Paz e Terra, 1975.

LUNA, S. V. O falso conflito entre tendências metodológicas. In: FAZENDA, I. *Metodologia da pesquisa educacional*. São Paulo: Cortez, 1991. p. 21-33.

LUDKE, M.; ANDRÉ, M. *Pesquisa em educação*: abordagens qualitativas. São Paulo: EPU, 1986.

MARTINS, J. A pesquisa qualitativa. In: FAZENDA, I. *Metodologia da pesquisa educacional*. São Paulo: Cortez, 1991.

MERLEAU-PONTY, M. *Ciências do homem e fenomenologia*. São Paulo: Saraiva, 1973.

OLIVEIRA, B. *Paradigmas e alienação na pesquisa em educação*: a problemática da cotidianidade. Anped, 1993. (Mimeo.)

REZENDE, A. *Concepção fenomenológica da educação*. São Paulo: Cortez, 1990.

ROD, W. *La filosofia dialéctica moderna*. Pamplona: Uensa, 1977.

SÁNCHEZ GAMBOA, S. *Epistemologia da pesquisa em educação*. Tese (Doutorado em Educação) — Universidade de Campinas, Campinas, 1987; Campinas: Práxis [no prelo].

WARDE, M. O papel da pesquisa na pós-graduação em Educação. *Cadernos de Pesquisa*, São Paulo, n. 73 p. 67-75, maio 1990.

_____. A produção discente dos programas de pós-graduação em educação no Brasil (1982-1991): avaliação e perspectivas. In: ANPED. *Avaliação e perspectivas na área da educação,* 1982-91. Porto Alegre: CNPq, 1993. p. 51-82.

Posfácio

É com satisfação que apresentamos a 8ª edição do livro *Pesquisa Educacional: quantidade-qualidade*, cuja 1ª edição data de 1995. Depois de duas décadas, o debate sobre as alternativas técnicas da pesquisa educacional ainda é atual, e a discussão apresentada neste livro certamente hoje ajuda a esclarecer sobre as opções que os pesquisadores têm na hora de definir procedimentos para o desenvolvimento das suas investigações.

A escolha de procedimentos não depende de um ato mecânico semelhante à retirada de um produto ou utensílio numa prateleira de um suposto mercado científico, onde seriam expostos instrumentos, técnicas, métodos, estratégias, receitas e fórmulas para realizar as pesquisas. As escolhas são mais complexas, já que dependem de situações específicas e concretas nas quais é preciso articular diversos tópicos e dimensões de uma prática cujo objetivo central é produzir respostas novas para problemas e perguntas relacionados com o mundo da necessidade que envolve a educação e a sociedade nas condições históricas de seu desenvolvimento.

As opções técnicas, sejam estas de caráter quantitativo, ou qualitativo, situam-se num nível relacionado com os procedimentos relativos à construção das respostas e, particularmente, com a forma de tratamento e organização dos dados e informações.

Se considerarmos que a pesquisa científica tem como objetivo produzir conhecimentos sobre um determinado fenômeno, experiência, fato, acontecimento ou problema e se, ainda, tomarmos como referência a conceitualização de que o conhecimento "nada mais é que uma resposta a uma pergunta", segundo a definição de Bachelard (1989, p. 189), os procedimentos de pesquisa deverão atender a relação lógica entre perguntas e respostas. Considerando a definição anterior, essa lógica deve se constituir de dois momentos ou fases: o primeiro se refere à construção da pergunta, e o segundo se refere à maneira como se elaboram as respostas para essa pergunta (cf. Sánchez Gamboa, 2011).

Considerando esses pressupostos, os procedimentos da pesquisa se referem aos dois momentos básicos da produção do conhecimento: O primeiro, da construção das questões e perguntas, que poderá se pautar pela seguinte sequência lógica: a) localização e delimitação do mundo da necessidade, da prática, da experiência, da produção da vida, nas condições históricas do desenvolvimento da sociedade; b) a problematização desse mundo da necessidade a partir de lugares, saberes acumulados e interesses dos sujeitos, isto é, a fase da transformação da necessidade concreta num problema de pesquisa (situação problema); c) uma vez transformada a necessidade num problema de pesquisa (problematização), os esforços poderão direcionar a procura de manifestações ou indicadores desse problema, o que implica a recuperação de dados preliminares ou antecedentes de pesquisas sobre o objeto ou problema a ser investigado; d) elaboração de um quadro de questões que oriente a busca de respostas para esse problema; e) elaboração de uma pergunta-síntese que articule as questões e delimite o foco central das indagações.

No segundo momento da pesquisa se refere aos procedimentos para a elaboração das respostas, que compreende passos ou tópicos e dimensões relativas às bases metodológicas e teóricas da pesquisa. Esse segundo momento básico poderá seguir a seguinte sequência lógica; a) definição de fontes em que se podem obter informações e dados sobre o objeto, fenômeno ou problema que está sendo investigado; b) seleção de instrumentos, materiais, técnicas para coletar as informações, dados nas fontes selecionadas; c) dependendo do tipo de fontes utilizadas e dos instrumentos e técnicas de coleta de dados, deverão selecionar técnicas e procedimentos para organizar e sistematização das informações necessárias à construção das respostas;[1] d) explicitação de um quadro de referências teóricas que forneça as categorias para analisar as respostas e interpretar os resultados.

No contexto geral dos procedimentos da pesquisa, a opção por uma maneira de tratar e organizar os dados e informações na fase da elaboração da resposta redimensiona o caráter técnico dessa opção. Nesse sentido, a compreensão que nos leva a entender que a polêmica

---

1. Neste nível de tratamento e organização de dados se localizam o debate sobre a quantidade-qualidade. Nesse sentido, se refere a um tópico ou dimensão do processo da produção do conhecimento, na interface das relações com outras dimensões relacionadas com a construção das respostas.

entre quantidade *versus* qualidade se afirma num falso dualismo técnico, por ocasião dos debates nos anos de 1990, duas décadas depois, ainda se confirma. Segundo Pires (2008), é falso afirmar que exista uma metodologia quantitativa ou qualitativa. Há pesquisas qualitativas ou quantitativas (ou as duas simultaneamente) na técnica de tratar os dados (Pires, 2008, p. 89). Nesta compreensão, as opções que o pesquisador tem não são de caráter metodológico, mas sim de escolha de algumas técnicas de tratamento de dados. Tal falso dualismo se origina numa determinada leitura da história das ciências, entendendo que o avanço nas ciências da natureza implicaria a substituição das letras pelos números e no caso das ciências sociais, a redescoberta do valor científico da "palavra", nos anos de 1970, levou alguns a anunciarem o fim dos números. Entretanto, em vez de ganhos para as ciências, esse dualismo técnico colocou obstáculos que comprometem a sua qualidade da pesquisa.

O mesmo autor suspeita de não ter indícios de grandes ganhos. Seria preciso interpretar isso como uma perda para todo mundo e não como um sinal de progresso.

> O que conta não é o tipo de dados que se utiliza, mas como se constrói a pesquisa. As pesquisas "bem construídas" (Bourdieu) têm uma vida longa e contribuem para fazer avançar nossos conhecimentos; as outras quantitativas ou qualitativas, acrescentam preferencialmente obstáculos a um melhor modo de ver ou de intervir (Pires, 2008, p. 89).

Entretanto, apesar de poucos ganhos e da perda de tempo com a redução dos procedimentos da pesquisa apenas às opções técnicas da forma de tratamento de dados, depois de duas décadas ainda se mantém o debate sobre as formas de compreensão, e continua sendo válida e necessária a tese de não reduzir as opções da pesquisa apenas ao nível técnico. Essas opções são de caráter epistemológico, que envolve diversos níveis de articulação entre os processos de construção das perguntas e a elaboração das respostas, entre procedimentos metodológicos e as bases teóricas, entre os processos empíricos e a interpretação de resultados, entre diversos níveis da prática científica e as teorias de conhecimentos e pressupostos filosóficos que a justificam.

Ferraro (2012) retoma e atualiza a discussão sobre as diversas compreensões sobre as formas de tratar os dados. Aborda a querela metodológica, com destaque para três teses a respeito da relação entre métodos quantitativos e qualitativos: a da oposição ou incompatibilidade; a da complementaridade; e a da unidade. Esta última, como unidade na perspectiva da dialética marxista.[2] Por fim, sugere que, em vez de nos inquirirmos sobre qual a competência metodológica de maior valor em absoluto, deveríamos perguntar-nos como diferentes competências metodológicas poderão articular-se no estudo de um determinado objeto ou problema social ou educacional.

Considerando as contribuições recentes dos autores acima citados, reafirmamos neste posfácio as teses sobre as

---

2. O autor, citando esta publicação na sua 6ª edição anterior (2007), confirma três formas de compreensão do debate sobre quantidade *versus* qualidade e amplia as referências sobre a compreensão da unidade tomando como base a dialética marxista.

três formas de compreensão do debate entre quantidade e qualidade na pesquisa educacional.

A primeira dessas compreensões justifica a oposição ou incompatibilidade entre os dois procedimentos, argumentando as especificidades dos objetos a serem estudados: a) as ciências naturais, tais como a física, a química, a biologia e a mecânica precisam preservar a objetividade e utilizar uma linguagem que filtre as apreciações subjetivas, e a forma mais segura é a utilização da linguagem matemática e estatística. Já as ciências sociais e humanas, carregadas de subjetividades, devem privilegiar a interpretação e as linguagens polissêmicas, difíceis de serem reduzidas a códigos matemáticos.

A segunda perspectiva defende a complementaridade entre a quantidade e qualidade, traçando uma linha contínua entre um extremo quantitativo e ou outro qualitativo, defendendo a não dicotomia ou incompatibilidade, mas também não admitindo a contradição entre esses polos; pelo contrário, procura o equilíbrio e a complementariedade. Dependendo desse *continuum*, a ênfase num extremo ou polo diminui a intensidade no outro. A plausibilidade dessa perspectiva de superação se afirma na manutenção da diversidade de enfoque ou métodos e no caso específico da quantidade-qualidade, supõe na diversidade complementar a minimização das diferenças entre elas, até o ponto de negar o caráter paradigmático entre os métodos e de desepistemologizar o debate (cf. Santos Filho, 2009, p. 48), ou, aceitar sua validade em momentos distintos, por exemplo, na fase da coleta e organização de dados e na fase da interpretação; ou em estudos complementares de levantamentos e estudos específicos e em estudos aprofundados (cf. Ferraro, 2012, p. 138). Nessa perspectiva de complementação não se aborda a unidade num mesmo processo, nem a contradição entre as dimensões qualitativas e quantitativas.

A terceira compreensão defende a unidade entre quantidade e qualidade; procura entender o conflito como uma unidade de fatores contrários. Essa perspectiva se justifica na unidade ontológica dos fenômenos. Todo fenômeno objeto do conhecimento revela múltiplas determinações e dimensões, dentre elas as quantitativas e qualitativas, razão pela qual não podem ser separadas no processo do conhecimento desses fenômenos. As perspectivas da unidade de contrários inicialmente foram apresentadas por Marx em *O capital* mostrando que as mercadorias são ao mesmo tempo quantidade e qualidade. "Como valores de uso as mercadorias são, antes da mais nada, qualidade diferente, como valores de troca só podem diferir na quantidade" (1998, p. 59). Um casaco como valor de uso serve para aquecer e para mostrar *status* social, é pura qualidade, e como valor de troca pode ser igual a vários quilos de linho, medidos em número de libras esterlinas, é pura quantidade. Segundo Marx, citando *A lógica*, de Hegel, o real se constitui de dimensões quantitativas e qualitativas e essas duas determinações se modificam mutuamente. "As modificações quantitativas, além de certo ponto, se transformam em modificações qualitativas" (Marx, 1998, p. 355). Essas transformações entre quantidade e qualidade são consideradas no marxismo como uma das leis básicas do método dialético.

Finalmente, ressaltamos que os dois destaques apresentados neste posfácio mostram a atualização da discussão e as contribuições que esta publicação vem oferecendo para a elucidação das interfaces das opções técnicas de tratamento de dados e informações com outras dimensões da produção do conhecimento. Esses destaques se referem à situação do debate sobre a quantidade/qualidade no nível relacionado com os procedimentos relativos à construção das respostas e, particularmente, com o tratamento e organização dos dados e informações, e à confirmação das compreensões sobre esse debate, reafirmando as possibilidades de articulação dessas duas dimensões na unidade dialética nos estudos das problemáticas sociais e educacionais.

Referências bibliográficas

BACHELARD, G. *Epistemologia*. Barcelona: Anagrama, 1989.

FERRARO, A.R. Quantidade e qualidade na pesquisa em educação na perspectiva da dialética marxista. *Pro-posições*, Campinas, v. 23, n. 1 (67), p. 129-146, jan./abr. 2012.

MARX, K. *O capital*. 16. ed. Rio de Janeiro: Civilização Brasileira, 1998. l. 1, v. 1.

PIRES, A. Sobre algumas questões epistemológicas de uma metodologia geral para as ciências sociais. In: VV.AA. *A pesquisa qualitativa*: enfoques epistemológicos e metodológicos. Petrópolis: Vozes, 2008. p. 43-94.

SÁNCHEZ GAMBOA, S. Os projetos de pesquisa: alguns fundamentos lógicos necessários. In: BRYAN, N.; MIRANDA, E. (Eds.). *(Re)pensar la educación pública*: aportes desde Argentina *y Brasil*. Córdoba: Ed. Universidad Nacional de Córdoba, 2011. p. 121-150.

SANTOS FILHO, J. C. Pesquisa quantitativa versus pesquisa qualitativa: o desafio paradigmático. In: SANTOS FILHO, J. C. dos; GAMBOA, S. S. *Pesquisa educacional*: quantidade-qualidade. 7. ed. São Paulo: Cortez, 2009.

títulos publicados

Volume 1 - EDUCAÇÃO NÃO FORMAL E O EDUCADOR SOCIAL: atuação no desenvolvimento de projetos sociais (área EDUCAÇÃO) • Maria da Glória Gohn

Volume 2 - ADEUS PROFESSOR, ADEUS PROFESSORA?: novas exigências educacionais e profissão docente (área EDUCAÇÃO) • José Carlos Libâneo

Volume 3 - O ESPORTE PODE TUDO (área EDUCAÇÃO FÍSICA) • Vitor Marinho

Volume 4 - EDUCAÇÃO COMO EXERCÍCIO DO PODER: crítica ao senso comum em educação (área EDUCAÇÃO) • Vitor Paro

Volume 5 - A "CULTURA DO VOLUNTARIADO" NO BRASIL (área SERVIÇO SOCIAL) • Paula Bonfim

Volume 6 - REFLEXÕES SOBRE ALFABETIZAÇÃO (área EDUCAÇÃO) • Emilia Ferreiro

Volume 7 - ÉTICA E COMPETÊNCIA (área FILOSOFIA) • Terezinha Azerêdo Rios

Volume 8 - PROFESSORES REFLEXIVOS EM UMA ESCOLA REFLEXIVA (área EDUCAÇÃO) • Isabel Alarcão

Volume 9 - ESCOLA CIDADÃ (área EDUCAÇÃO) • Moacir Gadotti

Volume 10 - EDUCAÇÃO ESTÉTICA PARA JOVENS E ADULTOS (área EDUCAÇÃO) • Sonia Carbonell

Volume 11 - A UNIVERSIDADE NO SÉCULO XXI: para uma reforma democrática e emancipatória da Universidade (área EDUCAÇÃO) • Boaventura de Sousa Santos

Volume 12 - MEIO AMBIENTE E REPRESENTAÇÃO SOCIAL (área MEIO AMBIENTE) • Marcos Reigota

Volume 13 - MEIO AMBIENTE E FORMAÇÃO DE PROFESSORES (área EDUCAÇÃO) • Heloísa Dupas Penteado

Volume 14 - FORMAÇÃO DOCENTE E PROFISSIONAL: formar-se para a mudança e a incerteza (área EDUCAÇÃO) • Francisco Imbernón

Volume 15 - LETRAMENTO E ALFABETIZAÇÃO (área EDUCAÇÃO) • Leda Verdiani Tfouni

Volume 16 - EDUCAÇÃO E CIDADANIA: quem educa o cidadão? (área EDUCAÇÃO) • Ester Buffa, Miguel Arroyo e Paolo Nosella

Volume 17 - A CATEGORIA "QUESTÃO SOCIAL" EM DEBATE (área SERVIÇO SOCIAL) • Alejandra Pastorini

Volume 18 - EDUCAÇÃO CONTINUADA NA ERA DIGITAL (área EDUCAÇÃO) • Maria Helena Silva Bettega

Volume 19 - BRINCAR, CONHECER, ENSINAR (área EDUCAÇÃO) • Sanny S. da Rosa

Volume 20 - BRINQUEDO E CULTURA (área SOCIOLOGIA) • Gilles Brougère

Volume 21 - A CRISE DOS PARADIGMAS E A EDUCAÇÃO (área EDUCAÇÃO) • Zaia Brandão (Org.)

Volume 22 - A IMPORTÂNCIA DO ATO DE LER: em três artigos que se completam (área EDUCAÇÃO)
• Paulo Freire

Volume 23 - OS (DES)CAMINHOS DA ESCOLA (área EDUCAÇÃO) • Ezequiel Theodoro da Silva

Volume 24 - O PROFESSOR E O COMBATE À ALIENAÇÃO IMPOSTA (área EDUCAÇÃO)
• Ezequiel Theodoro da Silva

Volume 25 - DIMENSÕES SOCIAIS DO ESPORTE (área EDUCAÇÃO FÍSICA)
• Manoel José e Gomes Tubino

Volume 26 - EDUCAÇÃO NÃO FORMAL E CULTURA POLÍTICA (área EDUCAÇÃO)
• Maria da Gloria Gohn

Volume 27 - PLANEJAMENTO E EDUCAÇÃO NO BRASIL (área EDUCAÇÃO)
• Acacia Zeneida Kuenzer, Walter Garcia e Julieta Calazans

Volume 28 - FORMAÇÃO DE PROFESSORES DE CIÊNCIAS (área EDUCAÇÃO)
• Anna Maria Pessoa de Carvalho e Daniel Gil-Pérez

Volume 29 - LIÇÕES DO PRÍNCIPE E OUTRAS LIÇÕES: • o intelectual • a política • a educação
(área EDUCAÇÃO) • Neidson Rodrigues

Volume 30 - FORMAÇÃO DE PROFESSORES: pensar e fazer (área EDUCAÇÃO) • Nilda Alves (Org.)

Volume 31 - PARA QUEM PESQUISAMOS PARA QUEM ESCREVEMOS: o impasse dos intelectuais
(área EDUCAÇÃO) • Regina Leite Garcia (Org.)

Volume 32 - CONSELHOS GESTORES E PARTICIPAÇÃO SOCIOPOLÍTICA (área CIÊNCIA POLÍTICA)
• Maria da Gloria Gohn

Volume 33 - DIFICULDADES NA APRENDIZAGEM DA LEITURA: leitura e prática (área EDUCAÇÃO)
• Terezinha Nunes, Lair Buarque e Peter Bryant

Volume 34 - BRINCAR NA EDUCAÇÃO: uma história que se repete (área EDUCAÇÃO)
• Gisela Wajskop

Volume 35 - REPENSANDO O ENSINO DE HISTÓRIA (área HISTÓRIA)
• Sônia Nikitiuk (Org.)

Volume 36 - EDUCAÇÃO E INFORMÁTICA: os computadores na escola (área EDUCAÇÃO)
• Fernando José de Almeida

Volume 37 - MOVIMENTOS SOCIAIS E EDUCAÇÃO (área EDUCAÇÃO) • Maria da Glória Gohn

Volume 38 - PASSADO E PRESENTE DOS VERBOS *LER* E *ESCREVER* (área EDUCAÇÃO)
• Emilia Ferreiro (Org.)

Volume 39 - SUSTENTABILIDADE E EDUCAÇÃO: um olhar da ecologia política (área MEIO AMBIENTE)
• Carlos Frdererico B. Loureiro

Volume 40 - INOVAR O ENSINO E A APRENDIZAGEM NA UNIVERSIDADE (área EDUCAÇÃO)
• Francisco Imbernón

Volume 41 - APRENDER PARA GANHAR, CONHECER PARA COMPETIR: sobre a subordinação da educação na "sociedade da aprendizagem" (área EDUCAÇÃO)
• Licínio C. Lima

Volume 42 - ALFABETIZAÇÃO DOS ALUNOS DAS CLASSES POPULARES: ainda um desafio (área EDUCAÇÃO)
• Regina Leite Garcia (Org.)

Volume 43 - MATEMÁTICA E EDUCACÃO (área EDUCAÇÃO)
• Nilson José MAchado

Volume 44 - CRISE DO SOCIALISMO E OFENSIVA NEOLIBERAL (área SOCIOLOGIA)
• José Paulo Netto

Volume 45 - AUTORIDADE DO PROFESSOR: meta, mito ou nada disso? (área EDUCAÇÃO)
• Lúcia M. teixeira Furlani

Volume 46 - PESQUISA EDUCACIONAL: quantidade-qualidade (área EDUCAÇÃO)
• José Camillo dos Santos Filho e Silvio Sánchez Gamboa (Org.)

Volume 47 - SOCIOLOGIA DOS MOVIMENTOS SOCIAIS (área SOCIOLOGIA) • Maria da Glória Gohn

Volume 48 - O IMPERIALISMO GLOBAL: teorias e consensos (área CIÊNCIA POLÍTICA)
• Flávio Bezerra de Farias

Volume 49 - A POLÍTICA EM GYÖRGY LUKÁCS (área CIÊNCIA POLÍTICA)
• Ranieli Carli

A nova **coleção questões da nossa época** seleciona textos endossados pelo público, relacionados a temáticas permanentes das áreas de Educação, Cultura Brasileira, Serviço Social, Meio Ambiente, Filosofia, Linguagem, entre outras.

Em novo formato, a *Coleção* divulga autores prestigiados e novos autores, que discutem conceitos, instauram polêmicas, repropõem *questões* com novos olhares.